東莞很台灣

林中森 敬題

版權所有·翻印必究

書名：東莞很台灣——台灣博主影像記憶

著者：李樹松（曉莊）　　　　王羿文（麻吉小兔）

　　　　鍾孟裕（鎖住的熊）　　賴群萱（瑪格）

　　　　謝琮揮（愛伯特）　　　丘韻芬（Aiko）

　　　　丘承皓（Kenji）　　　莊盈盈（芸芸）

　　　　陳琳琅（琳琅）　　　　陳薜薇（薇薇）

書名題寫——財團法人海峽交流基金會董事長 林中森

序——海峽兩岸關係協會會長 陳德銘

策劃：《台商》月刊

編委會：吳小峰　　游匡正　　陳錫輝　　胡國勇

　　　　　葉　林　　劉偉鋒　　黃曉君　　周明護 李淑婷

封面&美術設計：袁建敏　　顏雪萍

出版：中觀出版有限公司

地址：香港德輔道中248號東協商業大廈17樓1702室

電話：（852）69482248

總經銷：時報文化出版企業股份有限公司

地址：桃園縣龜山鄉萬壽路2段351號

電話：（8862）23066842

印刷：錦龍印刷實業股份有限公司

地址：新北市五股工業區五工一路129

電話：（8862）22996066

書號：ISBN 978-988-12832-0-7

出版時間：2014年1月初版

定價：HKD 46　　NTD 180　　RMB 36

海峽兩岸關係協會
陳德銘 會長

東莞台灣　你儂我儂

　　東莞是一座多元包容、充滿活力的城市。人口組成多元、企業構成多元、產業分佈多元、文化元素多元，而廣大台商則是多元東莞的重要構成和顯著特徵。早在商務部長任內，我就對東莞經濟因廣大台商參與而具有的特殊性印象深刻。轉任海協會會長後，從不同的視角看東莞、看台灣，對東莞的台灣味以及台商的東莞情更是有了進一步的體會。眼前這本由台灣知名部落格（博主）親身體驗後撰寫的《東莞很台灣》一書，不僅凸顯了他們對東莞的感受，也道出了我的觀察和心聲。

　　相信很多到過東莞的朋友，都會明顯感覺「東莞與大陸其他地區不一樣」。他們感覺最大的「不一樣」，就是「東莞的台灣味」。的確，與大陸其他地區比較，與其他擁有很多台商投資的地區比較，東莞真的「很台灣」。不管是台商第一次聚落選擇東莞，還是率先創辦「東莞台商子弟學校」；不管是具有東莞地標意義的「台商大廈」（環球經貿中心），還是完全由台灣醫療團隊經營的「台心醫院」；不管是王毅口中的「天下第一台商協會」，還是敢於第一個吃螃蟹搞集體轉型升級的「大麥客」。東莞真的有太多太多的「台商故事」和「與台商有關的故事」。

　　一個擁有「台商故事」的城市，一定會定格很多台灣元素。到過台灣的人都知道，秀美的山川並非台灣之全部精華，更多讓人記憶深刻的是台灣的便利生活和令人心悅的社會文化。數十萬台商從不同領域彙集到東莞投資，數萬家台資企業星羅密佈東莞各個鎮區街道，數萬台灣民眾舉家落戶東莞成為其中一員，不計其數的採購商千里迢迢趕到東莞台資企業洽商業務，他們帶給東莞的不僅僅是生意上的往來，更多的是圍繞生意而增添的生活需求以及獨具特色的台灣元素。

這種台灣元素，有些是一眼就能看到的，更多的是用眼睛看不到的。比如六千多家台資企業帶來的企業管理模式、逾十萬名台商帶來的生活形態、超過五萬個常駐東莞的台灣家庭帶來的生活習慣、佈滿大街小巷的台灣業者的繁體字廣告。再比如慈濟人在東莞，他們的言行舉止，無時無刻不在影響著東莞人的生活。還有很多熱心公益、經常做志工的台商家屬，他們對東莞的貢獻不僅僅是「一份愛心」，更多的是蕩滌心靈的啟發和激勵。這些台灣元素，無時無刻不在融入東莞、影響東莞，也無時無刻不在陪伴著東莞向前發展。

　　那麼，東莞為何是第一個台商聚落的城市？東莞為何能創造多個「台商第一」？東莞為何能具備這麼多台灣元素？歸根結底，是東莞視台商為自己的重要組成部分，是台商視東莞為自己的第二故鄉，是「兩岸一家、你儂我儂」的典型範例。多年來，廣東省和東莞市政府大力投入，扎實工作，以「十二五」規劃和兩岸經濟合作框架協議實施為契機，不斷創新工作思路，結合各地轉變經濟發展方式，著力優化投資環境，營造台資企業轉型升級良好氛圍。同時不斷加大資金投入和金融支持力度，切實解決台資中小企業轉型升級資金不足的問題，科學有序引導台資企業產業轉移，不斷促進台資企業在大陸持續、健康發展。當前，中共十八屆三中全會就未來十年大陸改革開放做出的全面部署正在陸續展開。這些舉措將為大陸經濟社會協調發展注入活力，更將為兩岸經濟合作創造更大空間，提供更多便利。希望東莞市政府抓住機遇，不斷提升社會治理能力，不斷創新行政管理方式，吸引越來越多的台商和台胞落戶東莞，創造出越來越多的台灣元素，譜寫出越來越多的台商故事。

　　是為序。

2014年1月3日

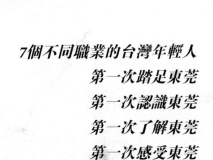

7個不同職業的台灣年輕人

第一次踏足東莞

第一次認識東莞

第一次了解東莞

第一次感受東莞

……

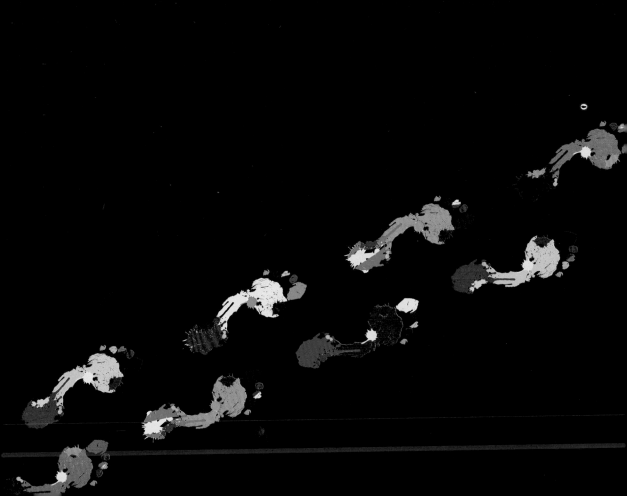

如果永恆
你將與什麼樣的自己同行
從第一個到東莞投資的台商至今
東莞的台商把東莞當成了自己的家
東莞台商協會　台商子弟學校　台商大廈　台心醫院　大麥客
……
選擇與東莞
一路前行

出發的起點
一定都是因為愛
愛上東莞　以夢為馬

當我們回頭望時
看見一路的點滴之美
相信時間所帶來的改變

一代又一代
我們詩意的紮根
魅力這裡
最安靜最強烈的生長

一路走來
在割捨　自省　掌聲　歡笑中
愈發顯出這片土地在心中的分量和價值
在乎所在乎的一切
在通往廣闊深遠且美好的未來
愛上東莞
如實行履
還有
夢想的力量
……

我在鏡頭背後呢

Aiko

小编眼中的台湾博主

文/琳琅

在喧闹的大都市里，你是不是一直在寻找一些正能量，可以让自己不烦躁、不抱怨、愉悦平静地生活？与台湾博主们短暂的工作沟通和相处中，小编从他们的身上，惊讶地察觉：正能量并非来自外在，而是来自每个人的内心，因为所有的平和、喜悦与乐观，都来自於每个深深的自己。

給點陽光就燦爛

Aiko是一個從骨子裡透出清新小資的感性純女人。對於她來說，陽光不是刺眼的奪目，而是在多層折射之後到達萬物叢中的恰如其分的燦爛。她就像一杯白開水，平平淡淡卻又不可或缺，又像她所追求的生活，簡簡單單，只需要一點點陽光和水分，便能盛放如花。

微信朋友圈中的Aiko，一個麵包，一杯咖啡，一塊餅乾，一個杯子，都能讓她在其中發現小驚喜。她用文字和圖片勾勒出一個個美好、安靜、平和的小資女人的生活畫面，讓人發現，原來瑣碎的生活裡也處處藏著美好。

在這次的參訪活動中，毫無疑問，Aiko最喜歡的會是東莞的酒吧一條街——下壩坊。第一次去下壩坊，即便是鬧騰騰的停電夜，Aiko都能因為見到這個地方，心情動蕩的那一瞬，而發出「天氣很熱，熱情讓店家的電力都破表，就算跳電，點著蠟燭也有一番滋味」的欣賞之詞。她說，如果是下午來就好了。第二次，彌補了Aiko的這個小小遺憾，小編知道，她想要的，無非就是這樣的柔軟時光：閒得到的慵懶的午後陽光，有貓，懶懶的蜷在開滿鮮花的秋千上，飄香的咖啡小店，時光和人，隨著留聲機的音樂，回到過去。想像著，或者自己一個人，在一個隨意古樸的小院裡，對著散漫的時光發呆，或者寫寫字。只要心裡有美，到處都是風景。對於簡單的Aiko而言，在燦爛的陽光下，與下壩坊來一場美麗的相遇，在這如此柔媚如此風情的小小天堂，她負責拍照，它負責微笑。如此，便好。

瑪格

自由、自主、自立地享受生活

不知在此之前，有沒有人跟小編一樣，想用「辣媽」來形容瑪格，姣好的容貌，白晰的皮膚，英倫鄉村風的穿戴風格，各式各樣搭配的小圓帽子，和五官一樣精緻細膩的內心……即使已經為人母，一雙兒女都個高長大了，但真正的享受，是在她有了愛人，有了一雙兒女開始。

瑪格說自己是個喜歡享受的人，作為媽媽，她曾與兒子組團以大眾運輸方式榮獲台灣2011年交通部公路環島徵選達人組優勝，作為妻子，她又幫丈夫的公司出謀獻策做創意宣傳，作為獨立的個體，她經營自己的文創生活博客，走自己喜歡的地方，寫自己熱愛的文字。很多媽媽都會盯著孩子，反而瑪格自由自在，在她看來「只要你用心付出和給予了，就是好媽媽。」

她曾經說過，年輕不是容顏的青春永駐，而是忘記年齡的心態，活得自由自在。這樣的女人，有安然明朗的心境，去享用自我的人生，她亦有能力按照自己的意願去消費這個時代。

盡情的享受，便是自己生命中時代的開啟。

KenJi

時尚男的另類思維

如果說，要在人群中找到一個回頭率很高的男人，那麼非KenJi莫屬。另類的鮮艷穿著，另類的髮型，都在詮釋著KenJi對時尚的獨特見解。而在圈友裡，KenJi是最有創意思想的「行為藝術家」。在第一次的活動裡，KenJi總是心甘如飴地做著各種「行為藝術」充當模特，謀殺了其他圈友不少相機快門。從與農民大叔的「時尚PK」到每次拍美食照片時單膝跪地神聖的端盤動作，從集體合照的各種怪異動作發明到見靜止的雕像就模仿，無疑，KenJi是博主團裡非常活潑的一個。

而在第二次的活動中，KenJi與Aiko負責時尚採訪的內容部分，讓小編見到了另一個嚴肅的認真工作的KenJi。KenJi自己說過：「以往不學無術，直到某天拿起相機就像是打通任督二脈，從此知道自己的使命。嚮往自然光源及逆光的絢麗，熱愛空間感及菜肴的多彩，更期待人像永遠未知的驚喜。」不管是對採訪工作的準備，採訪方向的確定，還是採訪中與受訪台商的互動，都讓小編驚喜，眼前的KenJi，就像洋蔥，剝掉一層，還有一層更辛辣的味道撲鼻而來。他怪異也直接，真實亦執著。

唯有獨特的生活態度，對自我的認知和對生活的理解才讓他光彩照人。也許他不期待被人理解，也不在乎被人喜歡，但知道娛樂和工作兩者之間的分別。什麼是時尚？穿不穿蕾絲襪，戴不戴帽子，買不買LV包，都不算時尚，也許做自己、愛自己才是最時尚的。

麻吉小兔

成功就是做自己喜歡的事情

小兔在傳媒一做就是十幾年，每次給她電話溝通「東莞很台灣」的工作，都能感受到她電話那頭熱火朝天的工作狀態。從事電視台節目副理這樣高壓工作的同時，又是寫書寫博客，從出生起便跟著父親到處旅行吃喝玩樂，跑遍二十幾個國家，熱愛美食，喜歡天馬行空的創意生活。

她的生活，也許在旁人看來就是折騰。然而，對她來說，這樣的選擇都來源於心裡的那個聲音，用自己喜歡的方式做自己喜歡的事情。

在博主團參訪東莞的過程中，小兔的問題總是最多，最喜歡溝通，常常拿著一個小筆記本認認真真的記事，扛著笨重的相機像個爺兒們一樣，那眼神裡，看出對工作的熱忱和執著。而在吃喝玩樂的時候，她又有一番自己對美食的見解，有特立獨行的個性范兒。

作為女性，能把感性與理性完美平衡，實現技術與藝術的融合是很高的境界。「其實這樣的參訪活動對我來說就是短暫的放鬆了，對身心平衡很有利，工作生活兩不誤。」說這話的時候，她又儼然是個樂活的普通小女人。

愛伯特

吃蟑螂的憨憨的大男孩

愛伯特一出現就帶來了一個故事，在粵北的一次博主活動中，愛伯特吃了當地的一種水蟑螂（形似蟑螂）並把吃蟑螂的照片發到部落格，據說當天就少了很多粉絲，女朋友更因此要跟他分手，說再也不會跟他接吻。為此，他還準備一路追著女朋友追到沙巴去求婚。

一直就喜歡愛伯特這種憨憨的男生，很純淨的感覺，是那種做自己的事走自己路的男生，看到他很有後現代的踏實感。在博主團裡，他總是被芸芸「欺負」，但永遠帶著嘴角上揚的微笑。

愛伯特對攝影的執著最讓小編佩服。在參訪活動中，他可以爬到樹上，可以不顧形象撅起屁股趴在地上，只為用各種危險姿勢，能從一堆可能旁人看著破破的情境裡框出最完美的瞬間。有人說，愛好攝影的男人一定是美好的，他們是最懂得把你的「壞」框在外頭，把你的「好」框進來的男人。愛伯特，就是這樣的男人。

芸芸

彪悍的「愛吃鬼」

芸芸像一顆石榴，嬌艷熱烈，甘甜潤心，卻也有堅實硬朗的內核，仿佛有無數的小主張，不做作，不掩飾，直面自己和世界。接觸越多，越能發現她的好，如石榴飽滿喜悅的籽粒，一點點甜蜜卻讓人欲罷不能。

在參訪活動中，芸芸總是很活躍的一個，無數作弄惡搞團友的小點子都出自她那個長著好吃的嘴巴的腦袋。這個「愛吃鬼」，也是毒蛇嘴，對團友愛伯特的一些挖苦諷刺的黑色幽默更是讓我們在這次的行程中增添了不少笑聲。

在第一次的活動結束之後不久，小編赴韓國旅遊，彪悍的「愛吃鬼」芸芸看到小編發的微信朋友圈照片，特地給小編找來了「香蕉牛奶」「蛇毒面膜」等各種得意之推薦購買的食品、化妝品，真的很有心，讓小編在嘗到潤香可口的「香蕉牛奶」的味道的時候，頓生對芸芸的「感激涕零」之情！

小編不敢下手的嫩嫩的「乳豬」，芸芸吃在嘴裡，曰「口齒留香」，然而，彪悍的「愛吃鬼」只是外表，在她內心裡，住著一個可愛貼心的小女人。把「吃」當做終身事業並付諸實踐，努力去做，「愛吃」的芸芸衆人裡，有幾個能做到？外表強悍，內在豐富，有自己的事業，有脾氣，有主見，偶爾傻傻的，卻永遠知道自己追求什麼，懂得愛自己，也懂得愛別人，自由又浪漫，這就是「愛吃鬼」芸芸。

鎖住的熊

一個安靜的傾聽者

熊給人的印象，除了「安靜」二字，剩下的也許還是「安之若素」一類。不管其他團友如何嬉笑鬧騰，不管在聊天的時候多麼熱火朝天，他始終安安靜靜地聽著，看著，用心愛的相機記錄著自己眼裡的世界。因安而靜，爲靜而安，多麼意境呵。這是入了骨子的淡然，魂靈深處的散淡。內觀自己，外察他人，自知則自明，自明則不爭訟，安之若素。安靜的男子應該是熊這樣的，仿佛有某種純潔信仰，始終不渝。清朗，自在，喜樂，安穩。

目錄
CONTENTS

PART —— 1

邂逅「台灣」

本是尋「根」的旅途

卻變成驚豔的「邂逅」

無須刻意

極目所見的家鄉痕跡

不停的生長和蔓延

莞香花開

約定終生

東莞 每天綻放新精彩

大陸的東莞市位於廣州、深圳中間，號稱「廣東四小虎」之一，放眼國際更是加工產業裡重要的一員。由於東莞位於廣東省東南部，在珠江口的東岸，離香港也僅約三個小時的車程，從虎門前來，坐船約莫一個半小時左右即可抵達，又處於珠江三角洲，光是常駐人口就將近一千萬。相較於鄰近的深圳來說，勞工人力及土地費用皆便宜得多，這也就是東莞能一直不斷地吸引台商前來投資的最大因素。

台商來到東莞發展至今已近三十年的歷史，這三十年間，東莞成就了無數口口相傳的台商創業傳奇，台商也成就了東莞的輝煌──它從默默無聞的小縣城一躍成為世界製造業之都，國民生產總值更是位居全大陸第22位、地級市中第6位。然而，台商回饋東莞的還不止是報表上漂亮的指數，台商在東莞生活的三十年間種種「潤物細無聲」的影響，讓東莞這個城市有了一種與眾不同的氣質。無論是松山湖的「台北路」與「高雄路」，還是厚街地道台灣味的火雞肉飯，又或者東莞第一高樓的地標建築台商大廈，這一切都用無聲的語言講述著東莞與台商絲絲縷縷的緣分，用一句話來概括──東莞很「台灣」。

2013年，應台商月刊邀請，台灣網絡知名博主一行七人（愛伯特、AIKO、KENJI、瑪格、麻吉小兔、鎖住的熊、芸芸）來到東莞，進行兩次的深度探訪、走近台商生活圈，用零距離的接觸來驗證：東莞很「台灣」。

東莞的城市蛻變

文/瑪格 KenJi

● 轉型的東莞　精彩的城市

　　在東莞，城市的迅速發展，政府執行的高效，無疑是最令東莞台商深感驚嘆和佩服的。

　　像是「松山湖科技產業園區」，當政府決定發展科技園區的計畫後，通知在開發地的住戶後，就立馬進行遷村的動作。當然，對於住在開發當地的村民們，政府也早已安排好後續的遷移方式等配套措施，比如提供新建的村屋等住宅，讓原本位於開發地的村民能安心搬遷不用擔心無家可歸的窘況。

　　而在硬體建設的部份當然也不遑多讓，像是高速公路、展覽館、大型歌劇院等，興建的時候都是採輪班制，24小時工程不停工，以縮短建設需要的日程，便能迅速、確實、非常有規劃、有效率地完成一項又一項的公共建設。這點，對於經常往返台灣及東莞兩地的台商來說體會最深，每次的再訪東莞，他們都能強烈的感覺到街道市容的大變化，而且變化之快、建設之美讓人咋舌！

　　而同樣的情況若在台灣，往往一項重大建設光是在規劃的階段，就會出現許多不同的反對聲浪，導致建設發展無法及時設置。也因此，重大建設的興建也就需要更多的前置討論及作業時間，相較之下市容的重大改變也就少了許多。當然台灣與東莞這兩岸的硬體建設模式的差異各有其優缺點，怎麼去評估就見仁見智了！

　　東莞市能創造出如此驚人的豐厚成就，一開始竭盡努力、勤奮打拚的台商自然是功不可沒。商業能如此迅速的發展，當地的政府領導們當然也就樂觀其成，開始給予了非常多的後備支持。而且東莞有著土地大、勞工便宜的巨大優勢，讓有些原本只能算是中下游、規模不算大的台灣中小型工廠，毅然決然前往東莞投資後，工廠竟大了十倍。想當然爾，資金與規模也就越做越大，搖身一變就成為一條龍的大型生產模式，再也不只是中下游的小規模而已了。

　　東莞城市建設與發展的迅速，其實也都跟東莞的台商有著密切的關係，像是早期的台商前來東莞發展，只能胼手胝足一步一腳印地靠著自己的雙手開疆闢土。也因開發的關係常需要與政府黨委、鎮長、書記、主任等面談協調一些關於土地、廠租、電費等的商業相關事務。

　　在打下了基礎後，後續的東莞台商們則是一個牽引一個來東莞進駐投資，使得東莞市這個區域吸引了越來越多的台商們陸續進駐，讓這個原本只是以農業為主的農村小鎮，在短短的十多年深耕之下，搖身一變，瞬時成為了「世界加工工廠」。東莞目前整年出口外匯僅次於上海、深圳，成果著實令人驚艷！

虎門——打造時尚潮流之都

　　虎門的經濟發展是非常迅速，17年前懷揣50萬新台幣來虎門經營服裝生意的台商郭正忠告訴我，剛來的時候，虎門的商業區許多都還是一望無際的田地。原本郭正忠看上八百萬人民幣的土地，沒想到一轉眼就被他人買走，且現在高樓林立。誰想得到當時的荒地或是田地，過了幾年後會變成現在的時裝大城，而且成為整個亞洲最大的成衣批發市場。例如「富民服裝城」、「黃河服裝廣場」、「大瑩東方國際服裝商貿城」等就是超大型的批發商城。

　　目前「富民服裝城」包括了富民童裝城、富民農副產品批發市場、富民鞋業市場、富民布料批發市場、富民第二市場、富民夜市、富民皮料皮具批發市場，可以說服飾類一應俱全。

　　而「黃河服裝廣場」則是目前華南地區規模最大、配套也最完善的中、高檔時裝批發中心，這裡既是中、高檔服裝的現貨批發與零售中心，同時也是服裝品牌連鎖加盟中心。每日來客流量高達數萬人，服飾商家也來自香港、台灣、馬來西亞、新加坡等地。

最近開幕的「大瑩東方國際服裝商貿城」位置就緊鄰「富民」與「黃河」廣場，算是最新的批發商場，經營種類包括：男女時裝、休閒裝、牛仔裝、內衣、服飾精品等。為了響應虎門政府提出的發展計畫，開創「時尚虎門」與「品牌精神」，商城內設立了虎門服裝品牌展示加盟中心，進駐的品牌有「以純」、「迪士尼」、「法國登喜世家」、「步森」等國際與本土知名品牌。商城內一至四樓是一般的批發與店鋪，而五六樓是電子商務樓層，七八樓以上是倉庫。電子商務的座位區分隔出租，一個位置月租200～300元人民幣，八樓以上的樓層為出租套房。這樣的規劃，就是為了方便網路購物的經營而設計，就算是外地人，若想經營「淘寶網」等電子平台，在這裡也可以直接做起網路生意。且商城集合了快遞貨運公司，下了單可以直接出貨，在「大瑩東方國際」，網店店主可以從批發商獲取服裝照片廣告，發佈到網路購物平台，收到訂單後直接出貨運送，一條龍的服務都可以在這裡完成，實在非常便利！

　　　　虎門政府建立了創意產業扶持基金，用來扶持創意產品的開發，打造時尚潮流之都。

　　剛好這天我們訪談時，經過了新建成的「虎門富民童裝中心」，整棟樓都是以童裝為主，目前正在招商中。招商廣告中提出，入駐的企業免租九個月，開業後前兩年免管理費與廣告費……這等優越的招商條件，在台灣很難見到，對我們來說可真的是下重本的招商啊！台商郭正忠告訴我們，虎門當地政府一直不斷扶持企業，給予許多的政策獎勵等等。郭正忠的很多朋友，紛紛從深圳轉移過來，就因為獎勵多。例如市裡面贊助一次，區裡還又能提供贊助。這樣相輔相成的情況，讓企業主與政府都樂觀其成，在企業獲利的狀況下，又可以讓當地居民有著更多工作機會。且當局並不會只資助本地企業，就算是台商企業，當地政府也一樣歡迎。

虎門已進入高鐵時代！

虎門政府還有意打造品牌步行街道，就勢將所有品牌集合在一起，讓虎門的整體形象提昇，成為時尚潮流之都，政府建立了創意產業扶持基金，用來扶持有創意的產品開發，鼓勵各類企業、人才投入創意產業發展，使虎門具有特色的產品更有創意。

郭正忠提到：「目前虎門將要進入高鐵的時代了！」（編注：廈深高鐵已於2013年底通車了）因為興建高鐵而縮短了往返時間，拉近了距離，相信一定可以為虎門地區帶來更大量的採購客源；也讓更多的商機湧入虎門，更可以讓虎門的企業有更多心力去發展品牌！

誰曾想得到，滄海桑田，事移時遷，當時的荒田僻地，已變成了現在的時裝大城，而且成為整個亞洲最大的成衣批發市場。

十幾年來，東莞虎門已經形成完善的服裝產業，擁有著二十二個大型服裝批發市場，九個大型布料批發市場，還有一個服裝機械批發市場。無論是哪裡的批發採購商，都可以在虎門完成整個產業一貫性的採購。而且虎門地理位置優越，還有高鐵等快速交通工具，所以讓我對虎門的未來充滿期待。

東莞——充滿濃濃「台灣味」的台商之家

　　這些年來台商對東莞發展的貢獻是有目共睹的。在我們訪問期間，健泰針織總經理王玉珠表示：「想當初剛來東莞的時候，跟當地司機說要來『大朗』這個地方，司機開了幾個小時的車程，卻還是幾乎找不到『大朗』的位置。因為在那個時候，東莞連高速公路都沒有，感覺非常荒涼，近乎荒郊野外。後來許多台商進駐東莞，大家一起攜手開疆闢土之後，東莞才慢慢地展現了現在的繁華。近幾年來的生活也越來越好，越來越便利。」

　　早年來東莞的台商，集體完成的第一件事就是成立了台商子弟學校，目前還有剛落成的台心醫院、台商大廈等配套建築。另外還有猶如台灣costco一般的大賣場「大麥客」、「大潤發」等，這對台商的工作、生活提供了更大的便利。類似東莞展覽館、玉蘭大戲院這樣的文教設備也在發展完善中，可以說東莞的生活與機能已經跟台灣相距不遠了！眾多東莞台企熱心的團結合作，不僅僅成就了大陸第一大台商協會，更使得東莞的發展更上一層樓，而當地居民也都因為台商進駐東莞形成的便利與建設而受惠其中。

　　以即將成為東莞市的地標性建築的「東莞台商大廈」（編注：2013年12月26日，東莞台商大廈揭幕啟用）為例，它建成後將會成為東莞市第一高樓，同時也會改寫東莞沒有超高樓建築的歷史。台商大廈為多功能的商務複合性建築，將集合國際頂級辦公室、五星級酒店跟頂級豪宅、住宅於一身，無論是在規劃設計、建築形象、空間效率、智能配置、能源利用、經濟營運、健康環保等眾多方面都有強大的前瞻性，且建材多為環保綠建材，幾乎是東莞新一代建築的品質保證！未來大廈落成後，低層樓部分將成為「台灣特色」大型商場，以台商經營台灣貨品為主。中層部分將成為

東莞的城市蛻變

台商在東莞投資企業的經營總部，這部份將是台商聚會及民間經貿與文化交流合作的主要場所。高層部分則成為東莞台商與台灣考察人員的公寓住所，整棟大廈充滿了濃濃的「台灣味」。在這裡，台商可以一面紮根東莞，一面佈局內銷市場！

「東莞台商子弟學校」則建成於2000年，創校之初僅有幼稚園、國小部及國中部，但自2002學年度始增設高中部，服務更多莘莘學子。「東莞台商協會」於1995年成立「教育事業委員會」，會長葉宏燈以「公益辦學」性質號召兩岸相關人士建校，從與兩岸政府關係的建立、到硬體興建階段積極地參與、最終獲得海峽兩岸政府的認可，成為第一所兩岸共同承認學歷的學校。雖然學校位於大陸，但學校採用台灣學制，使用繁體字與注音符號，當然，教材也是全由台灣引進，讓台商的下一代在東莞也能一樣接受台灣教育成長。

在這裡，台商可以一面紮根東莞，一面佈局內銷市場！

學校實施從幼稚園到小學、高中十五年一貫的教學體系，學生從幼稚園就開始寄宿，到高中畢業考大學，都可以在這裡完成。只要是在大陸工作的台灣人士，適合年齡的子弟都可以申請入學。因為全寄宿制的關係，這裡的老師特別辛苦，平日白天教課之外，晚上還要留著晚自習，直到學生休息，壓力比一般學校的教師大得多。但是也因為寄宿的關係，我們發現這邊的孩子特別獨立也有禮貌，許多把孩子當成寶的父母親，看到孩子入學後的改變判若兩人，實在很佩服學校與老師。特別的是，台商子弟學校每年春季都會舉行中華傳統文化與冠禮儀式，即儀式中學生要向父母行跪拜禮，象徵邁入人生的新階段與挑戰。

「東莞台心醫院」預計在2013年底試營運（編注：台心醫院已於2013年12月26日開始試營運），是台商協會號召會員企業共同出資籌建，為的就是可以讓當地的台商有著更好的醫療環境。且招募台籍醫護人員，並使用台灣醫療管理方式，除了讓東莞及珠三角的台商能得到更完善的醫療照顧之外，更希望能負起照顧東莞人民與企業員工健康的責任，一併回饋當地！

　　在我們還不了解東莞這個城市的時候，想像中，大多就是多數台商企業與工廠城市，並無什麼娛樂可言。但是經過這次的採訪，我們了解到整個東莞城市的進步，城市發展與硬體建設都已經非常繁榮興盛，且娛樂景點與生活機能都很良好，更擁有許多的超市與賣場，讓購物更加便利。文化景區的部份就有古蹟可園、虎門炮台、東莞展覽館等等。美食餐廳部分更是多到數不清，東城酒吧街、厚街台灣小吃一條街的美食多樣化都讓人驚喜。

　　雖然我們只有過這短暫採訪的經歷，並無法非常地深入在地。但憑著這次的採訪了解到的東莞與東莞的台商，確定東莞還有著許多值得去發掘的好故事、好溫度與好時光。■

希望台商們的存在，能讓東莞能有著更不同的風貌，老台商們一樣時常相聚，一同回味當時的記憶溫度；而台商二代則繼續朝著自創品牌的設計發展，讓曾以工廠起家的自家名號能夠更廣為人所知悉。

東莞台商大厦

文/瑪格

● 台商的驕傲

　　還記得，2011年夏日某天，在我辦公室大樓的天台上，忽然看到101大樓亮出LEED字眼，驕傲地告訴全世界，美國綠建築協會宣佈台北101創下三項記錄，並取得LEED白金級認證最高榮耀。台北101成為世界最高綠建築！！！這項認證絕對是值得記錄的台灣環保里程碑。

　　無獨有偶，台灣人在環保成就上的驕傲，也在對岸發光。當我們一群台灣博主應台商月刊邀請前往參訪東莞地區的台商發展與生活，也在東莞台辦的安排下，前往參觀尚未竣工的東莞台商大樓。在建築設計團隊的導覽下，發現這棟由台商集資興建的摩天大樓，也是朝綠建築方向規劃設計，根據說明，東莞台商大廈也將取得LEED認證。身為鄉親的我們，同感驕傲。

東莞台協20周年生日禮物

　　一年之內，我們幾個台灣博主連續接受兩次邀請前往廣東參訪。第一次的目的是旅遊推廣，我們前往粵北飽覽幾個重要景點的風光；第二次，是直接抵達東莞，目的是深入了解台商在東莞的發展與生活，並觀察東莞的台灣色彩。在一些參觀與訪談中，知道許多台商幾乎已經舉家移民到東莞，甚至在此落地生根了。因此，對於台商來說，合力將東莞打造成更適合台灣人發展與居住的城市，是大勢所趨之下的共同意願。

　　常聽人說，「台灣經驗」是最好的競爭力。2013年7月，酷暑。帶著好奇心，接受台商月刊的邀約，我來到廣東體會「台灣經驗」在東莞開花結果的成就。經過一些參訪的安排，我們看到在東莞台商協會的領導努力

下，台商打造了導入台籍教師與台灣教材的學校、以及由台灣醫師群領軍的台心醫院，最驚人的，當然是即將「躋身全球百大建築之列」的東莞第一高樓：「台商大廈」摩天地標。據說這是東莞台商協會成立二十周年的最佳生日禮物。

東莞台商大廈的出現，代表在台商帶動下，原為農業城鎮的東莞，進階到世界一流科技大鎮，所帶來的富裕經濟。台商願意投入大筆資金興建如此龐大的物業，當然也象徵台商肯定此地的投資環境，願意紮根於此、永續經營的決心。這同時也是東莞台商協會多年來努力的心血結晶，未來將以這棟矗立於東莞市中心的第一摩天大樓，點燃更旺盛的鬥志，以及台商共榮共存的凝聚力。

東莞第一高樓新地標：台商大廈

台商大廈的外型是猶如魚體般的流線造型，象徵年年有餘。也像是古樂器「笙」的器型，代表為台商發聲、生生不息的意象。據說也有雙手合十、向天祈福的意涵。台商大廈一方面採用現代化的科技建材，展現新時

代建築設計的美感，同時又與同獲LEED的台北101一樣，以中國吉祥物圖騰為建築概念，在高科技時代保留思源懷舊的文化情懷與文明演進註腳。

由台商自發集資興建的東莞地標性建築東莞台商大廈，位於東莞市新城市中心區，鄰近亞洲第一大廣場的中心廣場，此區域為東莞市目前最繁華的地帶。這棟摩天大廈的存在，將改寫東莞過去不曾出現超高層建築的歷史！總造價約十億多人民幣，總計占地約45畝，共68層，高289米的東莞第一高樓，已儼然成為東莞市中心的新地標。

據說，台商大廈的興建，起心動念原是幫東莞台商協會成立一個永久落腳處的據點，沒想到一路發展下來，竟然演變成今日的辦公大樓、「台灣特色」大型商場、五星級酒店、台商經貿平台、頂級豪宅、台商商務公寓等充滿台灣味的多功能城市商務複合體物業。

這棟具有里程碑意義的摩天大廈，不僅建築資金全數來自台商，建築設計團隊也都是由台灣菁英組成，在建築規劃設計的方向上，無論是建築的形象、空間的效率、智能型大廈的配置架構、能源效能利用、營運與綠建築環保等，都投入了最先進的建築思維，勢必帶動東莞新市鎮、新一代建築物的品質提昇，堪稱台商的驕傲、台灣人的驕傲！

為了回饋東莞台商協會與協會成員的投入與協助，據說台商大廈將特別撥出空間給予東莞台商協會永久免費使用。對於東莞台商的團結與和諧，令我印象深刻。

延續台灣環保精神：LEED認證的綠色建築

LEED認證，是擁有15000名建築會員的美國綠建築協會，在2000年設立的一項綠建築評分認證系統，目前台灣已取得LEED認證的建築辦公總部大樓，包括台北101、遠雄集團信義居03金融大樓以及高科技廠房。

竣工前的參訪中，我們了解到，東莞台商大廈極有可能成為全球最大、最高的單體量綠色建築。建築團隊合力打造符合LEED認證的綠色建築，追求在建築全壽命週期內，最大限度地節約資源、保護環境與減少污染，與大自然和諧共生的建築體。立意為住戶與使用者提供符合健康、適用與效能均高的使用空間。

有了東莞台商大廈這位「好兄弟」，即使兩兄弟隔海遙望，也依然相互牽繫著，台北101不再孤獨。台商，或者說新莞人對創業的土地、生長的土地的眷戀就是兩者無形的紐帶。

根據各方資料顯示，LEED綠色建築與傳統建築相比，可節能百分之十五到百分之三十，可提高百分之十五到百分之二十的管理效率。運用各種有效的規劃，在結構中預先設計有利自然通風，自然水如雨水的回收利用……雖然這些環保功能的訴求，讓台商大廈興建案的投資者要投注更多資金，但預期未來可在節能上降低成本，這些聰明的台商，顯然全力支持！因而也有了今日像我們這樣的台灣鄉親們，可以感到驕傲的不凡成就。

289米的天空——台商在東莞的天空

台商大廈建築規劃與環境前瞻的格局，令初次參訪的我非常感動！所有人類在環境中所面對的陽光、空氣、水，以及溫、濕度等環境變化，甚至「建材哩程」都被建築師考慮進去了！這種結合環境與人文關懷思考，達到人、建築與自然的平衡感，是高科技時代多麼美妙的境界。

幾次到廣東，恰巧天空與空氣是灰濛濛的，工業發展科技文明的進步，帶給了人們生活的更加便利，但卻無形中造成了環境的污染，人們也在這樣的文明進程中無法喘息！20年前的台北也是空氣污染非常嚴重的城市，常常從陽明山往台北盆地看，就是灰濛濛的一片。但近幾年在各項環保措施與交通的大力整頓下，已經經常性地可以在台北看到美麗的藍天白雲。

東莞台商大廈的出現，可以說是一個跳躍性的成長，不僅只是建立在商業上的成就，更導入了台灣引以為傲的環保精神，旗幟鮮明地倡導著人對土地的關懷與重視，未來勢必風行草偃地在東莞、廣東甚至大陸各地吹起科技與環保共生的風氣。深信也能在東莞，看到清澈美麗的天空，這是台商在東莞高達289米所點亮的天空，是台灣人在東莞打出的一片天。希

望從那個高度開始，空氣日益清新。

台灣博主在台商大廈接受訪問

參觀東莞台商大廈那天，剛好也有當地新聞媒體前往採訪，於是我們這群台灣博主就加入媒體團成為其中一份子。

原以為就是跟著聽取簡報與導覽就好，沒想到當我們搭乘模擬實境快速電梯抵達觀景台的樓層時，竟然被詢問是否願意接受當地電視媒體訪問，只見我們這些人躲的躲、逃的逃，實在很害羞！後來，我被台商月刊李曉莊社長指派，只好硬著頭皮上場，主要被詢問關於來東莞看到台商有這些建設成就，身為台灣鄉親有何感想？對我們來說，人不親土親，到了異鄉，所有台灣人都像一家人一樣，當然會為家人的耀眼表現感到驕傲。

在我之後，電視台又訪問了KenJi，只見他非常大方地在攝影機前侃侃而談，台風相當穩健，力挺台灣鄉親（台商），真是好樣的！

當作是東莞的101大樓

身為生活在台灣的台北人，經常聽到身邊許多人說他們不喜歡101摩天大樓的樣子，有時我看著孤立於台北繁華信義區的101大樓的身影，總會覺得這座一枝獨秀的摩天大樓實在太孤獨了，不像香港，摩天樓會有摩天樓鄰居、形成叢聚。台北101大樓只有「一個人」！

但是這些年來101大樓帶給台北人、甚至台灣人許多美好的回憶，生活在台北這個城市，無論是臨窗眺望、行路間的抬頭一瞥……我們總是會看見101。每次不經意看到101的時候，我總會在心裡跟孤獨的它說聲：嗨！甚至我在2011年，還在我的博客上，進行一連串記錄「101的天空」的圖文作品，對我而言，不管誰喜不喜歡101大樓，他已經成為台北的地標，甚至是台灣的精神象徵之一，看到101的造型，就想起台灣。

東莞台商大廈與鄰近的台心醫院預計於2013年12月26日正式落成啟用（編注：二者的啟用典禮已如期盛大舉行，而此書的發行在2014年1月12日），屆時將舉行盛大啟用典禮，據說許多政要名流都將出席觀禮，相信活動將會非常熱鬧精彩，也相信假以時日再到東莞的我們，會難以置信眼前高聳的繁華，是那日仍在趕工中的粗荒工地。實在非常非常期待！

東莞台商大廈
Vs.
台北101大樓
台灣精神
在東莞落地生根了！

東莞台商大廈肯定會成為東莞的地標與精神象徵，這棟聳入雲霄的摩天大樓，是由台商一手籌劃、集資興建，更全權交由台灣建築菁英團隊規劃設計與施工，完全是台灣人的心血結晶，轟立在東莞這個新的開墾地上，也許有些人會跟我有類似的情懷吧！把這棟摩天大樓看成是東莞的101大樓，不管誰喜不喜歡它，他都是台灣精神的象徵。■

台心醫院 文/麻吉小兔

●台商醫療嶄新里程碑

每回來到大陸，其實比較擔心就是醫療問題，雖然近幾年大陸醫療水平提昇不少，也引進更多高等級的西醫技術和用藥，但是醫療服務品質還是台灣朋友比較不習慣的，醫價格也不便宜。一旦在大陸生病受傷，常常因為缺乏適當藥物技術治療，又沒有健保補助，大部分台商朋友還是只能選擇返回台灣就醫，但就怕錯失醫療良機。

這幾年台商企業紛紛在大陸各地設立大型醫院，像是旺旺集團投資的湖南長沙醫院、上海辰新醫院、廈門長庚醫院、南京明基醫院等就是台商獨資設立的醫院，其他還有許多在地診所、門診部，這些都是台商希望能夠引進台灣醫療資源與經驗，讓居住在大陸的台灣朋友以及大陸朋友們都能感受到更好的醫療品質與環境。

「台心醫院」的設備、經營目標與使命，每個細節都能感受到東莞台商協會為台灣朋友與東莞市民的付出、奉獻與努力。

　　這回來到東莞，參訪了即將於2013年底落成的「台心醫院」（編注：已於2013年12月26日揭幕運營），不同於上述由台灣大集團創立的醫院，台心醫院是由東莞中小台商集資成立，總投資額高達人民幣7.2億，一點也不遜色於集團獨資醫院，也是位於珠三角地區的第一所台商獨資大型綜合醫院，更是大陸第五家台商獨資醫院，由此可再次見識到東莞台商協會的團結力與創造力，以及對台商朋友的服務與照顧精神。

　　2001年，前全國台企聯會長張漢文先生率先提出籌建台商醫院的想法，之後，接任的會長郭山輝會長著力推動，很快便獲得東莞市委市政府、兩岸各級領導以及當地台商的重視與認同，經過多方協助與集資籌建後，終於在2009年6月開工，並於2013年底完成開業。

　　台心醫院的落成，不但令居住在珠三角地區的台灣朋友很興奮，就連在地的大陸朋友也很期待。這是家以「台灣醫療服務」為宗旨的大型綜合醫院，還特別引進一條龍式就診制度，掛號到就診一起進行，避免大陸掛號、看診、計價都得花時間個別排隊的傳統無效率方式，省去許多不必要的資源浪費。

　　更棒的是，台心醫院並不局限只有台灣朋友可以就醫，而是開放給所有東莞市民都可以享受到最佳的台灣醫療品質，甚至採平價路線，絕對不允許有拿紅包、走後門的不公平醫療待遇。

　　台心醫院以「提供安全優質的醫療服務、培養德術兼具的醫療專才、支持精神技術的醫學研究」為使命，希望能夠幫助東莞整體醫療品質獲得高規格的提昇。

　　另外最讓台商朋友期待的不只是醫療品質與環境的提昇，而是台心醫院將可協助台灣朋友就地報銷健保。醫院目前已經與台灣相關單位申請且獲得認同與支持，未來還希望能讓台商直接使用健保福利，增進台商朋友的便利性，個人光聽到這一點，就可想像台心醫院做了多大的努力。

　　來參訪台心醫院時，距離落成還有半年多的時間，卻能充分感受到醫院的用心，工作人員個個馬不停蹄的認真準備每個細節，對外也開始招募優秀醫護人才。

台心醫院邀聘許多台灣優秀知名醫學教授，將成為主要醫療以及教學骨幹團隊，從台灣邀聘的台籍醫師約占醫院20%；除了從台灣聘請優質醫護人員外，也招聘許多優秀大陸醫護人才以及大陸醫師台生，由於台灣目前還不承認大陸醫師學歷，台心醫院希望能夠提供台生一個發揮的舞台；另一方面也期待藉由引進台灣管理模式，將台灣對病人的關懷心帶進大陸，協助提昇大陸醫護人才的素質。

「台心醫院」讓居住在大陸的台灣朋友以及大陸朋友們
都能感受到更好的醫療品質與環境。

　　台心醫院規模相當龐大與完整，是座比照大陸三甲醫院規格的綜合醫院，採取「大綜合、小專科」的發展策略，完整設立各類專科，未來在這裡幾乎什麼專科都能看診，也方便轉診服務，具備相當規模與專業的醫療流程。醫院建設分兩期進行，首期將興建600個病床，整體預計為1200床，並將成為標竿性的醫學中心。

　　光是看到介紹以及醫院的設備、經營目標與使命，每個細節都讓我感到驚訝，向來對於大陸醫療不太有信心的我，也羨慕起東莞的台灣朋友們，更感受到東莞台商協會為台灣朋友與東莞市民的付出、奉獻與努力。

　　台心醫院開業營運在即，我們相信這將為大陸與台商醫療寫下嶄新的里程碑，也期待東莞台商協會這種努力奉獻精神能夠影響更多人，號召更多願意付出、互相幫助的熱情，為更多台商服務，也相信居住在東莞的台灣朋友們，一定會越來越幸福。■

　　這次東莞台辦與台商月刊主辦的台灣博主東莞行，與一般參訪者想像的遊山玩水行程大不相同，主辦方為了讓台灣的年輕一代盡可能地多了解在莞台商的現狀與發展，專門安排了許多到訪企業或協會的行程。但是，對於很多首度來到東莞訪問的博主，行程單上的「松山湖科技產業園區」、「台商大廈」令他們有些擔心，這個行程會不會很枯燥乏味呢？

　　乍聽這個行程，著實有些令人揣揣不安，擔心在聽取簡報時會不小心顯露昏昏欲睡的蠢相。結果，行程並沒有想像中的嚴肅呢！到松山湖一遊，除了當天天氣燜熱使人易躁之外，我們一邊聽取簡報導覽，一邊遊湖賞景，還享用了美味的湖景農家菜。與可愛的夥伴們在一起，總是能自得其樂，天氣再悶，還是可以搞笑逗趣、輕鬆愉快。

● 科技與山水共一色

文/瑪格

　　一開始先進入松山湖展覽館聽取大約近二十分鐘的簡報。最先吸引目光的，是展覽館這棟建築的形狀、與建築內的玻璃屋頂幾何形廊道，自然採光灑下的光影十分迷人！還沒走進展覽館內，我們這群博主在廊道下就花了點時間拍光影，這行為或許跟其他前來參觀聽取簡報的遊客不同，但我們各自有自己看事情的獨特角度。

　　松山湖展覽館的展示空間與各種簡報設備完備又先進，還真是開了眼界！這是我們抵達東莞的第一個參訪點，在後面的旅程中，我們陸續參觀了東莞展覽館、長安鎮展覽館、海戰紀念館等與地方文史經濟發展的展示櫥窗，發現東莞各地、各景點的展覽館都建設得非常好，跟地窄人稠的台灣比較起來，確實手筆豪氣！

　　還沒去到更壯觀的東莞展覽館之前，松山湖展覽館內的園區微縮版立體模型已經令人心生敬意了！看著微縮園區「壯觀」地鋪展在眼前，原來，松山湖這麼大呀！淡水湖面積約八平方公里，相當於台灣的日月潭大小。腹地更有十四平方公里的生態綠地，綠化覆蓋率超過百分之六十。目標是實現「科技與山水共一色，新城與產業齊飛」的規劃設計理念。

松山湖台灣高科技園

松山湖台灣高科技園

光是聽取簡報，就看得出東莞政府在松山湖投注的資源與懷抱的期望，是企圖以「融山、水、園為一體」的優質工作、生活環境，打造松山湖人與自然和諧共處的科技新城，留住外資、留住人才！

湖畔的船形建築竟然是？

聽完展覽館詳盡的簡報，只看微縮版的松山湖園區當然不過癮，導覽解說人員接著帶大夥散步至湖畔賞景，行經兩棟色彩鮮艷的帆船型建築，還以為是什麼大飯店進駐（被杜拜的船型飯店洗腦了，看到船型建築就覺得是飯店）？詢問之下，竟然是松山湖科技園區的管委會。這也太奢華了吧！管委會建築蓋得這麼炫，在這邊辦公、臨窗賞湖景肯定是件很威風的事情吧！

但我們之中也有另類的觀點，船型建築在愛吃鬼芸芸眼中，卻是「筍狀」的，並讓她聯想到台灣南投縣竹山的紫南宮洗手間，這……也可以說是東莞很台灣嗎？哈！

松山湖科技園區管委會一旁的湖畔，有個像小碼頭的圓弧型觀景台，佇立於此，可以欣賞遼闊的湖景，頓時胸豁開朗，凡塵俗事拋卻腦後！前一刻才是分秒必爭的高科技人，下一刻就成了「行到水窮處、坐看雲起時」的禪意王維？

隔湖遙望湖畔的五星級飯店

原以為船型建築是大飯店，結果卻不是，結果湖對岸低調卻壯觀的綿長深色建築，卻是東莞松山湖凱悅酒店（Hyatt Regenc），一行人在悶熱的天

以台灣的地名作為松山湖的路名，這是讓人仿若空間錯換般，有種穿越的感覺！到訪的台灣人都倍感親切。

氣下遊湖，雖有賞心悅目的湖岸風光，仍不免心生對舒適涼爽空間的嚮往，暗自在面帶微笑、揮汗如雨的心境下猜想：我們會不會去凱悅飯店喝五星級湖景下午茶呢？

有五星級飯店進駐的地方，就代表有繁榮的商業行為，更何況松山湖科技產業園區內，有一面漂亮的湖水，湖岸邊還設有自行車道，無論是訴求到東莞洽商的商務人士，或是觀光旅遊的旅客，感覺上，東莞松山湖凱悅酒店都有無窮商機。

湖畔的仿古水榭、現代豪宅

在「特別的申請」之下，為了趕赴緊湊的行程，我們搭著專車環湖，導覽解說員說，湖畔的自行車道其實禁止車輛進入，只開放行人與自行車通行。我們看到沿路有特別出租給遊客遊湖的黃色自行車、協力車悠閒騎過，車上還有小洋傘遮陽呢！非常可愛。

環湖途中，我們停車在一個頗具仿古韻味的荷花水榭，湖中是一大片荷田，開著朵朵美麗的荷花，若避開遠方環湖的現代建築，這裡來拍古裝片應該也沒有問題！荷花水榭旁邊有一座小橋，也是駐足賞景的好地方，一頭可望見凱悅飯店建築全景，另一頭則是飄逸的楊柳岸，岸邊一整排湖畔豪宅，在台灣身為苦命工程師的愛伯特，肯定在心裡嘀咕：在松山湖當高科技人，生活過得可真爽呀！

一分鐘從基隆到高雄

　　飽覽湖景水色之後，驅車來到此行的重頭戲：松山湖台灣高科技園。我們這群人在車上驚呼連連，因為不斷看到熟悉的家鄉地名：愛吃鬼芸芸跟愛伯特的老家在桃園、麻吉小兔是土生土長台南人……

　　短短時間，我們竟然可以台灣環島一周，真是很有趣的體驗！麻吉小兔下了一個讓大家哈哈大笑的註腳：只有在東莞松山湖，可以一分鐘從基隆到高雄。

　　天氣好熱，我們立刻指派團中的男子漢（包括小兔），下車拍「松山湖台灣高科技園」的大黃石路標，看團友們拿著「大砲」穿越馬路，氣勢驚人地一字排開拍照，這形象真是非常專業啊！沒想到，自認為時尚穿搭博主的KenJi，忽然搞笑地在大黃石前開始跳拍，只能說，我們真是亦莊亦諧的博主團啊！

　　占地6.8平方公里的「台灣高科技園」，是松山湖科技產業園區重點發展的區域，這裡分為「先進IT製造與LED光電區」、「大型晶圓及面板製造業區」、「研發與配套區」三大區域。目前已經

有東莞連勝液晶顯示器（勝華科技轉投資）、洲磊科技等科技大廠進駐，不僅路標都是熟悉的台灣地區名，如新竹路、台中路、高雄路……我們竟然還在園區看到類似U-bike自行車，台北人忽然激動了起來，這也太親切了吧！差點就要拿出悠遊卡來租借了！

我們在車上討論著，想要寫一個題目，就是跟著某個在園區的台商一天，觀察他的工作、生活，近身訪談，甚至跟拍他騎著單車在園區移動的畫面，這樣應該是很有趣的吧！可惜，我們行色匆匆，無法進行如此「悠閒」的訪問。

我們花了一個上午的時間遊歷松山湖，短暫的參訪時間，雖然只看到大約的表象，卻對這樣的造城計畫印象深刻！松山湖園區開發建設過程，完全按照ISO14001環境管理體系標準把關，在最大限度內、盡可能綠化與維護生態。很難想像，聽說這裡之前曾經只是農田、荔枝園、沼澤地！不到幾年的時間，已經有了科技大廠、新穎大樓、五星級飯店、美麗湖景與豪宅。也算是東莞奇蹟吧！

說起東莞的崛起，不能不提到台商的貢獻。據說台商撐起了東莞超過四分之一的經貿能量，讓這個原本以務農為主的地方，躋身全球重要的科技重鎮！東莞的奇蹟，像是八十年代台灣經濟奇蹟的延伸轉移，可見台商的優秀，是不變的奇蹟。■

大麥客

文/麻吉小兔

大同電鍋哦！在台灣，幾乎每家都有一台，連海外念書的學子都不忘帶一台出門。有了大麥客，至少以後到莞求學的台灣學子們可以減輕行李負擔啦！

● 台灣商品解鄉愁　台商內銷新通路

　　一般旅遊行程不外乎就是吃喝玩樂，但是有個很重要的行程非走不可，少了絕對遺憾，那就是「購物」。出來旅行怎麼可以少了購物呢，這天東莞市台辦特別安排我們前往「大麥客批發量販店」參訪，一聽說是家台商籌資開設的量販店，大夥都非常期待能夠有所豐收。

　　抵達大麥客後，發現整體經營方式有點像是台灣的好市多，經過詢問後才了解，大麥客的確是依循好市多模式設計，販售內容大約是25%台灣商品、50%台商內銷商品、25%其他商品。大麥客所有商品都是經過嚴格質量檢測考驗，除了一部分是引進台灣既有品牌商品外，還有一大部分是扶植東莞台商將原本代工產品轉為自創品牌，或是掛上大麥客品牌的自有品牌商品。

整個賣場逛起來相當舒服，商品品質感覺也特別好，還有許多平時看不到的特殊商品，據說這些台商製造的優質商品原本只有外銷，在台灣、大陸都根本看不到，反而引起我們的熱血購物心。

從POLO衫、牛仔褲、電器、露營用品……許多產品都相當吸引起我的興趣，要不是搬回台灣太麻煩，我真的好想將那只有外銷美國的超級露營大帳篷搬回去，因為台灣都看不到，忽然好希望台灣也能開一家大麥客。

即使搬不回去，最後我還是忍不住誘惑，買了一台美式復古造型收音機，努力地提回台灣，價格或許不算最便宜，但蠻超值也蠻酷的，在大麥客至少光是品質這一部分就可以讓人放心許多，尤其是食品方面。

四千多項台灣商品解鄉愁

在大麥客除了台商自創品牌外，其實還有一大區塊全是台灣商品，從食品、飲料、禮盒、茶酒、生活用品通通都有，高達4~5千種品項，像是台灣最經典的統一肉燥麵、泡麵系列與維力炸醬麵、乖乖、蝦味先、北海鱈魚香絲等台灣零食、牛頭牌沙茶醬、金蘭醬油、舒潔衛生紙、毛寶冷洗精、熊寶貝洗衣精，甚至還有大同電鍋，各式各樣的台灣商品琳琅滿目，走在其中，真有置身台灣的感覺，對於住在東莞的台商朋友可說是非常方便。

我們還向東莞朋友們大力推薦台灣同胞最愛的統一肉燥麵和維力炸醬麵，大夥還買了蝦味先回飯店下酒，不過最有趣的是深圳與東莞的朋友們買了滿滿一車台灣產品，消費戰力比我們還要堅強，相信內地的朋友們也

很肯定台灣品牌。

　　其實這些台灣食品不只是好吃，還是鄉愁啊，假如身處他鄉隨時都能吃到自己家鄉的美味，那是多麼幸福的事。相信大麥客的創立對住在東莞的台灣朋友們來說，不僅僅是內銷通路與推銷台灣，更重要的一部分，依然是來自台灣的那份驕傲與榮耀。

台商傳統代工產業轉型維艱

　　台商西進大陸二十餘年，位於東莞的20萬台商們，年產值即使在全大陸排名數一數二，卻始終維持代工製造產業無法突破。

　　這十年來大陸本土產業興起，紛紛削價競爭搶訂單、土地與勞動成本節節高升、原物料成本增加、人民幣升值，再加上歐美市場訂單衰退，讓東莞的台商傳統代工業經營越來越辛苦，利潤也越來越低，台商辛苦打拚至今終究還是得面臨轉型的考驗，代工外銷不再是傳統製造業的主流。

　　隨著大陸消費市場改變，大陸市場崛起，內銷成了傳統產業的新希望。

　　為了搶攻內銷市場，近幾年台商開始嘗試轉型，從原來的代工製造開始發展自創品牌，無奈中小企業沒有雄厚廣告資金宣傳，新型態自創品牌想開發內銷通路也很難進入本地市場，台商創立品牌難以推廣，遇到許多困難與挑戰。

　　事實上東莞台商代工許多全球優質品牌商品，每個品牌提出來都是國

際知名，將代工轉為自創品牌，商品本身品質優良，跟國際名品都是一樣的，甚至於改良得更好，可惜好東西無法順利受到青睞，行銷與宣傳資金是相當大的問題。

這幾年東莞市政府、東莞市台辦與東莞台商協會積極推動台商就地產業轉型，全力協助台商拓展大陸市場，包含舉辦「台灣名品博覽會」，另外就是前東莞台商協會會長葉春榮推動的「大麥客批發量販店」。

沒有通路，那就自己創造通路。

拜訪大麥客董事長葉春榮先生時，從葉董事長針對台商轉型與大麥客經營理念侃侃而談中，十足感受到了他的活力與熱情，以及對於台商自創品牌進入大陸市場是多麼的期待與努力。

成立大麥客　創造屬於台商自己的通路平台

大麥客的成立，起因來自於東莞台商協會希望為台商自創品牌能擁有通路提供平台，最早由當時擔任第八屆東莞台商協會會長的葉春榮提出這

個構想，四處奔走集資後，終於創立了大麥客批發量販店。

　　以台灣好市多為仿效對象，大麥客主要銷售產品全以台灣進口與台商自創品牌商品為主，其中還有一部分商品則是台商代工產品掛上「大麥客」品牌銷售，團結就是力量，集合台商優質軟實力，再透過大麥客來行銷推廣。

　　對於大麥客自創品牌的產品來說，品管是更加嚴格要求的。

　　例如國際名牌Samsonite旅行箱來說，其實是東莞台商代工的，光是幫Samsonite出貨已經超過100萬個，幾乎全球的Samsonite旅行箱都是東莞台商蔡先生所生產。

　　於是大麥客與蔡先生合作，將原本代工的旅行箱掛上大麥客T-MARK與蔡先生STARCO品牌在大麥客銷售，並且還將原產品進行改良，包含拉鍊、夾層設計、附贈電腦包等提昇品質、功能與方便性，價格也只有Samsonite的六分之一，一推出立即造成熱銷，甚至成為大麥客超人氣商品，這就是非常成功的行銷合作。

　　另外大麥客也找了幫TIMBERLAND代工鞋子的台商合作，利用原有技術設計出更加優良的休閒鞋，品質比售價人民幣千元以上的TIMBERLAND更好，但價格也只需其四分之一。

　　大麥客還有許多類似的產品合作案例，看到葉春榮董事長談到這些產品時的眉飛色舞，每項產品都像是他自己的小孩一樣，讓我們也替台商轉型有好的起步感到興奮。

走在大麥客裡，台商與台幹們可以挑選熟悉又習慣的台灣生活用品，無論是毛寶洗衣精或是舒潔衛生紙，以及每個台灣家庭必備的大同電鍋；也可以放心選購安全食品、飲料；大麥客更進了許多高檔水果、食材、酒類，台商太太們可以買澳洲進口和牛回家，還有台灣茶與有機醬油，多元的優質選擇，也讓大陸當地民眾跟著走進大麥客。

目前大麥客銷售的台商內銷產品約占50%，努力創造大麥客與台商雙贏市場，這也明確顯現出大麥客成立的目標與使命。

此外大麥客還針對地區性推出類似便利商店的小麥客，分店可以開得更多、更廣，與大麥客相輔相成，期待能夠順利將台商優良產品打進內銷市場。

而台商的東莞生活也因為有了大麥客，感覺更加接近台灣。■

開心大購物之後回到台灣，博主們要省吃儉用一個月了吧？

PART——2

青春曲

青戀

———

當年

青春的他們

充滿夢想的爆發力

如今

他們有了一番城池

有了一個固定的圓心

有了一些心酸的浪漫的故事

一杯清茶

風生水起的日子

即使在異鄉

也覺心安和溫暖

……

●大陸之小‧台灣，台灣人共同的娘家

1992年，18歲的我第一次跟著老爸踏上大陸這塊土地，與許多台灣朋友相較來說，我算是很早接觸大陸的台灣人。那個年代的大陸，環境、建設、人民素質、文化、經濟、衛生什麼都很糟糕，一個可說是未開發的地區。

從羅湖走過海關進入深圳，跟香港就是兩個完全不同的世界，即使都是中國人，文字不同、語言不同、穿著不同，感覺連長相都有那麼點不同。坐火車搭到硬臥，內地出來打工的流民躺在你頭上的行李架或椅子底下；出了廣州火車站，眼前全是綿延數百公尺的流民，連要走的路都沒有。第一次來到廣州的當下，我真有種想轉身回香港的衝動。

經濟與夢想起飛的90年代

沒想到隨著經濟改革開放，大陸在十數年間迅速變化成長，現在的大陸人民生活富裕、城市建設完善、知識水平也大為提昇。如今21世紀的大陸已成為世界主要領導經濟體之一，大都市的經濟水平也陸續超越台灣，這真是20年前無法想像的榮景。

九零年代初期，即使連廣州、上海、北京這樣的一線城市和直轄市，不只是廁所通通沒有門，高樓大廈也見不到幾座；滿街只見腳踏車，買機車不但非常昂貴，還要排隊、靠關係買車與申請牌照；許多人家連電視、冰箱都沒有，更不用說重點大都市以外的城鎮。

當時大陸許多地方幾乎可以說是荒蕪、落後，甚至沒有電、沒有自來

中國人重鄉情，出門在外，聽到類似的鄉音總會心生親近，而來到東莞的台商，人生地不熟，自然更重視這鄉土情誼。台商博主們此行中訪問的企業家，越是來東莞早的，對「台協」的感情也就越深，他們都覺得東莞台協是個大家庭，任何天大的難事，到了台協，總有辦法可想；而台協成員間的感情也不同尋常，來自台灣不同地方的企業家在這裡儼如兄弟姐妹，歷任會長就像大家長，眾人拾柴火焰高，只要是台協的活動，一呼百應。

中國人更重親情。談到台商在東莞的創業，還有一個群體是不能忽視的，這個群體，也許他們在媒體與公眾前發聲的機會不那麼多，但是他們的默默支持卻是台商成功的基石與動力——這個群體就是台眷。如果說商場如戰場，企業家如大將，那麼一個溫暖的家就是台商可以安心信賴的大本營。隨著台商在東莞一路開疆闢土，他們的太太與小孩也漸漸來到這裡，中國人的家庭觀念在全世界都並無二致，異鄉的生活也許艱苦、也許需要更多的努力，但為了一張團團圓圓的餐桌，再多的付出也是值得。

如果說遍地生花的台企是東莞很「台灣」的骨骼血脈，那麼台協、台眷用愛與鄉情在東莞點點滴滴營造起來的台灣原味生活圈，更是東莞很「台灣」的表情吧。

水、沒有路，買個菜要騎2至4小時腳踏車稀鬆平常，這些對於在台灣生活富裕的我們來說，絕對會感到無法適應與不可思議。

但這樣的未開發地區，實際上對許多懷抱著夢想的人來說，卻是個充滿無限想像的寶地。

就因為什麼都沒有，所以更能夠無中生有、重新造夢，九零年代，正是許多台灣中產商人與大陸夢想起飛的開始。

父親大約在1985年間就到大陸廣州經商，1992年後每年寒暑假，我總會到大陸去找父親，也因此有機會多多少少接觸與認識到當時台商在大陸發展的情況。

那時大陸剛開放兩岸交流，對於台灣逐漸飽和的市場與不斷上揚的製造成本，看到大陸十億人民消費力的廣大市場，許多台灣人前仆後繼地前往大陸尋找新商機，人數越來越多，也造就出一股不可小覷的台商新勢力。

台灣人在這片荒涼的土地揮灑青春、辛勤開墾，創造了如今極目所見的繁華似錦。

　　位於大陸經濟特區深圳與廣東省會廣州中間的東莞市，在九零年代初期還是個非常荒涼的小城鎮，連鋪好的路都沒有幾條。但藉著能輕易與廣州、深圳接軌，以及方便進出香港的優越地理位置，東莞市委市政府各級領導們慧眼獨具，張開雙手大力邀請台商來到東莞駐足設廠，並且提供許多優惠、協助與保護，成功吸引一批批的台商來到東莞投資、興業，進而發展出全大陸最大的台商聚集地。

　　至2013年，東莞市有二十萬餘台商，長住十五年以上之台商超過八萬人，是全大陸百萬台商的十分之一以上；此外東莞台商總產值更占全大陸台商的40%，也成就了東莞的富庶經濟。

東莞台商協會成立

　　聊起台商的心路歷程，那是一部說不完也道不盡的章回小說，第九屆東莞台商協會會長謝慶源與我們聊起台商20年來的奮鬥過程，依然相當激動。

　　早期前往大陸其實是有很大風險的，政策不確定、貧富差距大、世局紊亂，台商隻身前往大陸發展，不時傳出被搶、詐騙、威脅、綁架等各種問題。

而身處異鄉更能感受同鄉親情可貴，熱情的台灣人總願意互相幫助、團結合作，於是慢慢地，各地台商聚集，除了各自打拚，也會找時間與相同來自台灣的同胞聚會交流。

1993年10月，第一批前往東莞開疆闢土的台商們，在東莞市台辦協助支持下，成立「東莞市台商投資企業協會」，創立宗旨為：團結、交流、服務、發展。

最初成立時，會員才三百六十多家企業，發展至2013年已有三千六百多家，遍及東莞市三十二個鎮區，是全大陸最大、功能最健全、並具有相當影響力的台商協會。

除了台商投資交流與協助外，東莞台商協會還陸續成立台商婦女聯誼會、台商青年委員會等共十四個功能委員會，推動成立「台商子弟學校」，集資籌建「台商大廈」與「台心醫院」。

平時各個功能委員會常常會舉辦許多娛樂、休閒、體育、聯誼、聚餐等活動，還有學習課程與社團、邀請成功人士演講，藉由各項活動促進交流、運動保持身心健康，都讓居住在此的台商與台幹們生活不會太過枯燥寂寞。

東莞台商協會

而且東莞台商協會甚至成立了「馬上辦中心」，24小時為台灣朋友服務。謝會長說這個馬上辦中心舉凡台胞證過期遺失、兩岸婚姻事務、投資問題、招工……等各種疑難雜症都受理服務，聽起來真像里長的工作，雖然吃力不討好，卻讓身處異鄉的台商們有著百分之百的安全感與溫暖，不會因為遇到困難而手足無措。

　　「東莞台商協會」就像是台灣人在東莞的娘家一樣，讓住在這裡的台灣人不用擔心害怕，這些都是秉持著對台灣同鄉的熱情與執著，服務面面俱到也非常體貼，讓我相當感動與佩服，也覺得住在東莞的台灣人真是幸福。

團結
交流
服務
發展

「東莞市台商投資企業協會」創立宗旨

麻吉小·兔的心靈感言：

東莞真的很台灣

讓我覺得最有趣的是，聚集20萬台商的東莞市，到處都有著台灣的影子。

從寶島眼鏡、池上便當、嘉義火雞肉飯、木瓜牛奶、珍珠奶茶、滷肉飯、肉圓、牛肉麵到鼎王麻辣鍋等；便利商店賣著台灣飲料、泡麵還有檳榔；大麥克賣場裡販售的幾乎全是台灣品牌生活用品與食物，乖乖、蝦味先、統一肉燥麵、維力炸醬麵通通買得到；街上店家播放的是台灣流行歌曲，而且還是「愛拚才會贏」；電視打開就能看到台灣新聞頻道。

東莞儼然就像個小台灣，而且到處都能遇到台灣同鄉，感覺格外親切，讓即使第一次來到東莞的台灣朋友也不會陌生害怕，更加適合台商發展。

從二十年前跟老爸跑大陸起，到多年前來過東莞的我，對於以前兩岸生活水平與文化的差異一直很難習慣，所以始終抗拒前往大陸發展。

可是這回的東莞行讓我有機會深入台商生活圈，更加了解當地風土民情與城市發展規模，親眼見證了今非昔比的東莞市，竟然也羨慕起居住東莞的台商朋友們，興起來此發展的念頭。

在這麼多台商先進們的熱血努力與帶領發展之下，東莞可說是台商模範市，隨著台商大廈與台心醫院的落成開幕，以及台商產業轉型的扶植，相信一定會越來越好、越來越蓬勃，期待未來東莞的台商們能有更非凡的成就。

東莞台商協會

蛻變後的東莞很台灣

這回來到東莞，與10年前來的印象截然不同，變化之大實在令我相當驚訝與讚嘆！

多年前到東莞的記憶，還停留在到處都是傳統工廠，環境污染嚴重，天空始終灰黑一片、空氣非常混濁的畫面。

如今東莞可是大大不同了，不但逐漸從傳統工業區轉為高科技產業發展重鎮，整個城市規劃也非常美麗與現代化，污染改善了，空氣、河水、街道、環境都變得乾淨清爽，生活水平更是不輸台灣。■

東莞台協婦聯會

文/瑪格

張銘真

●柔性的力量

　　二次前往東莞旅遊參訪，幾乎每餐都吃得非常豐盛，旅遊行程上雖然沒有什麼十分厲害的自然山水景點，卻走訪了一些具有歷史意義的古蹟、宅邸、聚落。廣東的天氣特別悶熱，走在戶外，不免大汗淋漓，再有趣的景點走到最後，整個人的身心都不免悶了起來，旅途勞頓啊！還好我們整個團都是合得來的朋友，一起相伴旅遊，說說笑笑，十分愉快。

不過，這兩趟到東莞參訪，我笑得最開心的一段時間，竟然是拜會東莞台協婦聯會會長張銘真的那個下午。記得當時台商月刊李社長帶著我們前往張會長先生所在的公司拜會，一開始，張會長不是很了解博主的性質，就把我們當作傳統媒體一樣接待，針對婦聯會的宗旨結構，十分詳盡的簡介。直到張會長明白她面對的這些博主，是一群在台灣天天分享美好生活、吃喝玩樂情報的網路寫作者時，張會長瞬間抓住了重點，知道這群人要的不盡是官方說法，而是梗（哏），於是邀請我們跟她前往另一個婦聯會會員姊妹的家，她說，乾脆實際體驗會員間的互動，這樣更生活化！

到三代同堂的台商家庭作客

我們一行人跟著張會長，來到另一位台商的家裡。這位台商已經三代同堂在東莞定居，只見張會長一進門就很親切跟會員家的爺爺奶奶問候，並與他們全家人像朋友一樣閒話家常。聊著聊著，我發現張會長對家庭中的第三代，一對姐妹的感情大事非常關心，不僅希望她們與某位單身的台商第二代平常多多交流，甚至也開始關注本團單身台灣博主的個人背景與感情生活，接著就發生一些張會長亂點鴛鴦譜的有趣情節，至今想起來，我仍覺得非常有趣。

拜訪這個三代同堂的會員家庭，了解到台商在東莞落地生根的情形，長輩對於自己全家在東莞的生活似乎頗為滿足，第三代仍比較嚮往台灣的生活品質，但為了幫助父母的事業，年輕人還是很懂事的

以大局為重，只有在放假回台灣時，才好好享受自己喜歡的生活。兩位千金說：我們都把回台灣當作度假。

在大家閒話家常的氣氛中，我幾乎以為自己就是在台灣某處，遇見了某兩戶人家正在聯誼，他們親切好客，展現典型溫暖的台灣人情味。

東莞婦聯會透過女人柔性的力量，輔佐東莞台商協會進行聯繫與關懷台商個人與家庭的生活，並透過許多活動與課程的舉辦，凝聚在東莞打拚的台灣人的鄉土情感，不僅是事業體與事業體之間，個人與個人之間，甚至家庭與家庭之間，都能形成緊密的人際網絡，團結就是溫暖、就是力量！婦聯會更藉由一些課程的推廣，讓陪伴先生到東莞打拚的太太們，也能藉由一些學習交流而自我提昇成長，不至於因為擔任賢內助角色，而與社會脫節，過著封閉的生活。更何況這裡是東莞，不是台灣，人不親土親，多多認識同鄉朋友，對拓展人脈也有正面積極意義。

交流、成長、溫馨、輔佐

東莞台商協會婦聯會於1998年成立，是全大陸第一個由台商女性成員建立的組織，隸屬於東莞台商協會的旁支系統。成立的宗旨為：交流、成長、溫馨、輔佐。目前的會長為寶熊漁具有限公司董事長特別助理張銘真女士。

東莞台協婦聯會

張會長在二十年前跟隨丈夫的公司台灣寶熊漁具有限公司，跨海到東莞投資。張會長說，當時先生只帶領幾名台幹來到東莞籌備建廠事宜，當時東莞生活條件非常差，甚至連生活上的基本配套，如水電，都很不完善。如此簡陋的生活條件下，絕大多數台商眷屬都不願意駐留，但張會長卻憑藉著一股傻勁，帶著三個幼小的孩子，伴隨先生前往「拓荒」。張會長說，當時她只是執著地認為，條件再差，當地很多人都可以生活下去，不相信自己不能放下身段適應。

　　她回憶了當年的一些小故事，某天早餐，煮飯阿姨煮了一鍋粥，她看到濃濃的褐色粥，還以為煮飯阿姨在粥裡放了紅糖，像是八寶粥那樣的甜粥。她正疑惑為何早餐要吃甜粥？煮飯阿姨說：不是加了糖，因為當時水質不穩定，水流出來就是這種顏色。

　　張會長說起這段往事時，臉上始終帶著笑容，似乎這是完全不帶一絲苦澀的美好回憶，當時我看著她，心中油然生出敬佩之情，心想：這個女人真的好堅強、好圓融、好豁達喔！感覺上，她一點也不像台商的眷屬，反而像是前往開疆闢土的女企業家，但是，張會長無論外貌與說話的表情、語氣，都非常溫婉柔美，並沒有女強人的氣焰。或許，如此剛柔並濟的特性，就是台灣女性獨有的氣質吧！

在東莞奮鬥工作，回台灣休閒度假，這是多麼兩全齊美的生活方式。

　　張會長自己是堅毅的人，但我很好奇，在台灣過慣優渥生活的稚齡孩子可以適應嗎？她說，其實小孩子的適應能力更強。雖然也有身體不適應生過病，但全家也都樂觀地撐下來了。她甚至覺得，在異鄉生病，其實也是一種適應的過程，讓孩子經歷在不同環境中求生存的感覺，其實也是一種學習與成長。

　　張會長到東莞之前，在台灣就是一個熱心公益的人。她真誠、熱心、負責、無私的個性，使她在擔任婦聯會會長之前，曾於2004年經由會員票選成為東莞台商協會塘廈分會的第九屆會長，也是東莞台商協會開創以來首位票選出來的女性分會會長。

第二故鄉：舉家搬遷至東莞

　　由於她是非常早期到東莞的開拓者，張會長小孩求學的時期還沒有「東莞台商子弟學校」這個與台灣教育同步的單位，她的孩子就直接在東莞的學校唸書，與大陸學童當同學。從小學、中學到大學，跟當地學生唸一樣的簡體字教材，接受當地的教育體制。據說她家三個孩子都表現得非常優異，說到孩子的這一段，張會長溫柔的微笑中，眼神散發光彩。

　　輕鬆聊起過去台商包二奶的事件時有耳聞，張會長開玩笑說，這就是咬牙也要在這邊陪老公一起奮鬥的最大原因。來到這邊看到許多美麗的姑娘，不要說是男人了，就是像她這樣的女人看了也要心動。然後我們就岔題閒聊哪邊的姑娘最漂亮，大家的共識是東北，張會長繼續開玩笑說，如果老公跟東北姑娘發生不倫之戀，身為元配都要立刻搖白旗投降。

其實，對於張會長以及許多舉家從台灣搬遷至此長住的台灣人而言，東莞就像第二故鄉，甚至是個在生活上更為熟悉的移民地。回到台灣，多是探親度假的性質，很多台灣的事情都變得非常陌生了，還好這邊的台商很多，東莞台商協會與相關組織都非常活躍、健全。生活在這裡，大部分交的還是台灣朋友，雖然離鄉背井多年，但，還是有在台灣生活的感覺。

把台灣的溫情與美善　帶到東莞

張銘真於2011年接任東莞台商投資企業協會婦女聯誼會會長一職，該會主要由台商眷屬組成，各鄉鎮並設有分會。據說目前會員約四百人，是在東莞經商的台灣女性，聯絡感情、關懷社會、輔佐台商的重要組織。

就像所有台灣的女性協會一樣，女性組織多數策劃的都是柔性活動，無論是三八婦女節、五月母親節、八月父親節、年底東莞台商協會週年慶、以及各項藝文類活動，東莞台協婦聯會都擔任著東莞台商協會的「活動推手」。除了服務本地會員之外，還肩負兩岸商界婦女會的互訪交流。

「東莞台協婦聯會」創立宗旨

東莞台協婦聯會

　　張會長說，除了會內會員的互動成長，及輔佐東莞台商協會各項活動與交流，她們希望東莞台協婦聯會這個組織，可以更積極向外拓展，進行社會關懷與公益議題的參與。像是走訪慰問敬老院、孤兒院等弱勢單位以外，也投入各地方的扶貧活動。更棒的，是把台灣民眾在日常生活中對環保的身體力行，帶到東莞，推廣給除了台灣人之外的本地人，讓生活環境更加美好。

　　除了張會長在我們參訪的短暫下午，簡單說明婦聯會未來在公益、環保的發展願景，我們在東莞期間，也實地參觀了由長安鎮地區台商自發性組織成立的資源回收中心。這些台商不分彼此，捐場地的捐場地，出人力的出人力，大家同心協力，將國際稱道的台灣環保成果與精神，帶進內地。據說，效應已經越來越明顯，許多東莞人也很支持這項由台商推動的

資源回收活動，紛紛加入環保志工行列，並在家裡落實如同台灣家庭垃圾分類的作法。

為了建構更接近台灣的生活品質，這些台商，在東莞為自己的事業奮鬥之餘，還撥出時間，進行許多非營利性的利他活動，傳遞台灣社會的溫情與美善，這種溫柔敦厚的熱力，就是正港台灣味。

我們在東莞參訪期間，尋覓「東莞很台灣」的蛛絲馬跡，時有驚喜、時而猶疑。撰文時，沉澱那兩次參訪的回憶，想起台灣某媒體曾說：台灣最美的風景是「人」；東莞的正港台灣味，又何嘗不是因為這些具有台商身分的台灣人呢？他們將台灣社會的溫情與美善，帶到此地，讓東莞真的很台灣。■

【小編寄語】

俗話說，成功的男人背後都有一個賢淑智慧的女人。東莞台協婦聯會有個有趣的別名——「管董會」，因為在婦聯會裡，台企董事長太太們占了多數。她們都甘願放棄在台灣原有的生活圈甚至是工作，夫唱婦隨來到東莞，照顧小孩，打理家務，協助丈夫事業，給台商們一個穩定的後方。不得不說，東莞經濟的騰飛有台商的功勞，而這功勞裡，也有太太們的重要一份。

婦聯會的工作給了太太們不少樂趣。當台商投資如火如荼之時，台商的太太們也隨夫而至，為了尋找新的生活色彩，自發成立台商婦聯會，組織各種文化活動。除了照顧丈夫和孩子外，美食烹飪，花鳥魚蟲，琴棋書畫，音樂跳舞，女紅針線，詩歌文學，茶道，攝影，小製作……十八般武藝，每個婦聯會的女人至少都會熱愛一樣，懂得小情趣。此外，婦聯會還經常組織打高爾夫球、釣魚等高雅活動，並熱心地方公益。太太們給台商在莞生活增添多了一些溫暖，一點鄉情，一份安心。

東莞台商子弟學校

文/瑪格

此行的台灣博主團員裡只有我一個人當了媽媽，所以分配撰寫「教育」的題目時，感覺上我應該當仁不讓。此行還發生一件很妙的事情，或許真的可以證明：我跟東莞台商子弟學校真有緣。

話說我有個認識多年的台南網友、也是我文化大學的學弟，只知道他這幾年在東莞教書，卻從未問個仔細是在哪個單位任教？

一直到參觀東莞台商子弟學校之後，他說在學校看到跑馬燈上「歡迎台灣博主團蒞臨本校」的字眼，直覺我應該是其中一員！我這才驚覺：哎呀！原來台南學弟網友是在東莞台商子弟學校教書的啊！早點搞清楚，不就可以在拜訪學校時碰個面了？

剛好隔天晚上校長設宴款待我們這些台灣來的鄉親，我特別拜託台辦，盡量安排這位「學弟網友施老師」與會？終於見面的一刻我們都很高興。我跟施老師結緣於寫部落格的初期，但我們倆在台灣卻從未謀面，沒想到竟在東莞有緣聚首，實在是太妙了！

●建立學校　圓家庭團聚夢

　　參訪東莞台商子弟學校的瀏覽過程，是以非常特別的「生命力學習營地」拉開序幕，對我而言還真是大開眼界！以往只聽過學校為了讓學生體驗特殊課程，向外租借場地進行，卻沒見過學校本身擁有如此專業的學習營地，反而吸引一些校外的企業，來此進行員工訓練。

視覺震撼——生命力學習營地

　　東莞台商子弟學校的生命力學習營地，擁有符合美國ACCT安全標準的20項高空繩索設施，以及12項低空繩索設施，主要用以進行挑戰人類高度恐懼、激發潛能、超越自我各項挑戰的探索場域。可見當企業家的小孩確實不容易，微微懼高的我，看到那些設施腿都軟了！

　　參觀這個學習營地，印象最深刻的是老師提到這裡的獎勵方式，同樣是金、銀、銅不同的級別，但順序卻反過來，銅是最高榮譽。因為銅雖然不是奢華的金屬，但應用的面向最多，是很有用處的金屬，這樣的獎勵方式，主要是鼓勵學生以最務實的態度，創造自己成為實力堅強的可造之材。

學校設立的初衷，是為
了創造台商家庭更健全
的生活環境，讓生活於
東莞的台商可專注於事
業，無後顧之憂，家中
子弟可以就近上學，無
須家庭兩岸分離。

學校最大的特色在於，
學校教材與師資都跟台
灣教育同步，所以即使
到類似像台幹被調回台
灣，其子弟的學業在回
台後也可以銜接。

海峽兩岸第一所　兩岸共同承認學歷的學校

　　離開生命力學習營地，我們前往校園，校園建築呈M字型，中間一片大草皮，草皮上有一顆美麗的大樹，看到這樣開闊的校園，總覺得在這邊讀書，應該是件很開心的事吧！（心情已經在草皮打滾嬉鬧中……）

　　東莞台商子弟學校，簡稱東莞台校，是一所由東莞台商協會於1995年開始推動成立的私立學校。創校初期只有幼稚園、國小部及國中部，隨著學生日漸成長，至2002學年度才增設高中部。這所學校設立的初衷，是為了創造台商家庭更健全的生活環境，讓生活於東莞的台商可專注於事業，無後顧之憂，家中子弟可以就近上學，無須家庭兩岸分離。這所學校最大的特色在於，學校教材與師資都跟台灣教育同步，所以即使到類似像台幹被調回台灣，其子弟的學業在回台後也可以銜接。

　　就讀東莞台商子弟學校，每學期的學費約一萬八千元人民幣，包含就學與住校吃住供應。台灣政府給予台商子弟異地求學的補助是每名學生年補助3萬元新台幣。算算這樣的學費，確實是貴族學校無異！

東莞台商子弟學校

東莞台商子弟學校

在東莞期間，我們也前往拜會東莞台商協會，透過訪談，了解到目前台商在東莞的許多投資、建設，都是為了讓長期在此地打拚的台商，有更健全的生活環境。早期，台商到東莞投資，開始事業第二春，絕大多數都是與家人分離，造成許多婚姻與家庭的破裂，甚至許多台商因無人照顧起居、生活不正常，壯年猝死機率很高！於是，東莞台商協會近幾年積極成立婦聯會、青年會，興建學校，就是為了讓台商在此有更優質的生活空間。

東莞台商協會於1995年成立「教育事業委員會」，該會會長葉宏燈認為「照顧一個小孩就是照顧一個家庭」，並樹立「公益辦學」旗幟，協調並凝聚兩岸的共識與力量，終於成立了東莞台商子弟學校這所地點位於廣東省東莞市卻採用台灣繁體字教材的私立學校。**這可以說是華人教育史上的里程碑，也是兩岸盡可能消弭差異、建立教育合作平台的重要成就。**

迴避政治敏感，回歸文化傳承

涉及兩岸的政治議題還是頗為敏感，大陸法律上規定所有書報都要通過檢查，由於學校是採用台灣教材，書上仍有些敏感字眼或內容，這些內容都必須特別從教材上拿掉，所以，就讀東莞台商子弟學校的學生，必須在寒暑假期間特別回台灣把這些敏感教材補上。

在東莞台商子弟學校的圖書館，可以看到台灣出版的報章雜誌，館藏有六萬餘冊書籍，所有的編目也都參照台灣圖書館的編目。這些台灣來的出版物，也都必須通過檢查制度，在這樣的情況下還可以有如此豐富的藏書，非常難能可貴。

從台灣運送考卷到東莞——考驗兩岸智慧
如何做到絕密又能不違反海關審查規定呢?

　　東莞台商子弟學校是目前第一所海峽兩岸共同承認學歷的學校。說起籌辦這所學校,尋求兩岸共識的挑戰,學校資深台籍教師跟我們說了許多有趣的事,我印象最深刻的就是基測考卷的運送。為了方便台商子弟可以就近在廣東進行與台灣同步的升學考試,這些考試卷的運送是一門很大的學問。所有考卷裝箱後,依法規定必須貼上封條之後運送,但考卷箱通過深圳海關時,大陸海關依法也有權可以拆箱查驗,但,若考卷箱被拆封檢查,就失去公平性必須作廢!光是考卷的運送,就考驗著兩岸交流合作的智慧。

　　後來,不知是誰想出了兩全其美的辦法!就是當考卷箱通過海關時,海關先不拆箱檢驗,而是另外貼上海關的封條,先讓這些考卷箱放行,送至學校。直到考試的那一天,海關人員前往學校,與監考人員同時開箱查驗。這個案例,說明只要有合作交流的心

與智慧,許多兩難的事情,都可以尋求解決之道。

兩岸同文同種，具有共同的血緣和歷史，台灣沒有受到文革的衝擊，把中華文化的根保留得更加傳統。不管是來自台灣還是東莞的人們，都能從各種展出的物件、書籍中找到作為中華兒女的自豪感。

除了設有圖書館傳承文化之外，東莞台商子弟學校還設立了「中華文化館」與「台灣文化教育館」，這兩館的設立就是為了讓學生不忘本，除了對中華文化精華的領略認識，更著重家鄉的文化教育，讓離鄉背井的台商下一代，知曉台灣近代史況發展、地區文化風俗概況，對台灣文化有更深的認知了解。

參觀台灣文化館時，館長介紹了許多台灣各地的文物風土，其中該館局部面貌是仿台南孔廟所設計！看到了許多對我們而言非常熟悉，但卻必須在此處重點提醒的地方文化意象，明白這所學校的用心良苦，就是希望下一代在對岸成長發展之際，可以記得自己的根源。當看到布袋戲玩偶陳列區時，我們立刻把麻吉小兔推出去，跟館長介紹說：她是霹靂電視台的員工。於是就看著小兔跟館長相談甚歡，聊著那一尊布袋戲是哪一年份的產物，真是隔行如隔山啊！布袋戲也有布袋戲的專門學問。

這是東莞的學校，還是台灣的孔廟？布袋戲玩偶更是讓博主們倍感親切。

除了圖書館、中華文化館、台灣文化館這三個傳遞文化命脈的角落之外，校方還設置了大大小小不同的才藝教室，讓住校的孩子有地方進行其他才藝的學習與提昇；甚至還設有具隔音效果的獨立練琴室，讓學鋼琴的孩子有琴房可以練習。

我們穿越了！

台商子弟週一到週五的家

　　參觀完圖書館、中華文化館、台灣文化館，我們往校園深處前進，導覽老師帶我們去看學生的寢室。看到幼稚園小朋友寢室裡，還有可愛的卡通公主風，我們都笑了！

　　東莞台商子弟學校招收了來自東莞市的32個鎮區，從4歲至17歲的幼稚園到高中生。所有學生都住校，整個學校像個大家庭，師長除了授業解惑，還要擔任保姆的工作，對於工作量來說，比起在台灣學校任教真是壓力大多了！但，這樣長時間與學生相處，師生之間也培養出特別深的情感！

　　老師說，每週一學生帶著行李回學校上課那天，氣氛都有些鬱悶。尤其越小的孩子，因為思念父母，會產生分離焦慮，經常晚上就哭著要爸爸媽媽，這時候，老師們就像保姆一樣，必須去安撫孩子的情緒！總校長陳金粧女士說起曾經每天早起為了安撫想家的小朋友，使身為人母的她眼眶泛紅、感觸良多，忽然感悟到自己奉獻了許多的時間給別人的孩子，似乎對自己的孩子有些虧欠。話鋒一轉，我問起她的小孩是否也就讀於東莞台商子弟學校？校長說是，並且孩子們都很優秀，已經畢業離校，進入理想的高等學府深造。

陳金粧

東莞台商子弟學校

東莞台商子弟學校

美味又營養 學習中的幸福成長

　　一天的開始，學生們會在晨跑完才換衣排隊吃早餐。由於住校師生的三餐都必須打理，所以東莞台商子弟學校設了專門的餐廳大樓，聘請專

相對於週一的離家愁緒，週五下午的校園就會有種輕鬆愉悅的氣氛。放學時間，除了等著搭校車離校的學生之外，一輛輛豪華私家轎車開到純樸的鄉間來，就是為了接孩子回家。

據說，這樣的現象也形成了校園外的「台灣小吃週五路邊攤市集」，這些小吃攤販看準週五聚集於此的家長都是台灣人，就賣些台灣小吃，有些家長會趁這個機會買些家鄉味，帶著孩子一同回家度週末。

週五學校門口的「台灣家鄉味」

一路參觀不同年齡的學生寢室，也遇到一些穿著制服的學生正在打球，看起來都很陽光、開朗！學生們看到參訪的陌生人，也都大方打招呼。

　　我們一行人對於這些住校學生的生活作息與用餐很有興趣，據說，東莞台商子弟學校有一個很堅持的傳統，就是早上六點起床要晨跑。陳金粧校長說：晨跑運動不僅有助學生穩定情緒、專注學習，更重要的是讓學生在跑步過程，學會深度思考，反省昨日的生活，佈局今日的學習。正所謂「一日之計在於晨」。

　　聽到這所學校有晨跑規定，我們這些懶鬼，頓時打消心裡所想「唸這所學校好好喔」的念頭。老師聽到我們的私下討論就說，學生們其實也跟我們是一樣的想法，只要遇到因氣溫低不須晨跑的日子，校園都會歡聲雷動。

一日之計在於晨——晨練的暖身時段

門的廚師設計菜單並且幫師生的營養把關。說到師生的菜單，同行的愛吃鬼芸芸聽到剛好是學生中午放飯時間，就非常雀躍地想前往「了解」。看到小朋友們正在打菜，我們興味盎然地湊過去拍照，看他們打菜。

　　導覽老師說，因為學校包括了幼稚園、小學部、中學部到高中部的學生，為了維護用餐秩序，特別採行分批分時段用餐，最早用餐的當然是年紀最小的幼稚園。我們就在幼稚園用餐的時間，來到學校餐廳參觀。

我們覺得參觀小朋友的用餐好有趣，小朋友們也對我們這群拿著相機猛拍「他們吃的飯菜」的人，感到好奇！後來，導覽老師索性安排我們跟「正在用餐的小朋友」坐在一起拍照，本團最具笑點的時尚小夥KenJi又開始搞笑逗小朋友，只見那些小女孩也不怕，很大方跟我們一起合照。

發現學校的伙食還真不賴，一邊拍小朋友打菜，一邊我們這些愛吃鬼博主就開始流口水，芸芸甚至私下建議，不如跟台辦商量，中午不要吃什麼餐館了，就跟學生一起吃吧！我也覺得是好點子，畢竟我也沒住過校，沒體驗過這種跟同學一起吃學校餐廳的感覺。但是兩人僅私下嘀咕嘀咕，卻沒勇氣跟台辦提議！

溫馨的畫面、美味的餐食，讓博主們「水」流滿面，是感動的淚水還是垂涎三尺？

離開餐廳的時候，遇見小學部的學生排隊進來用餐，這時我們看到一個很溫馨的畫面，就是小學部的學生，牽著一位爺爺的手，大家簇擁著他一起走進餐廳。導覽老師告訴我們：那就是學校創辦人葉宏燈董事長，大家都叫他八塊錢爺爺。

八塊錢爺爺　創辦人的公益辦學理念

「公益辦學」，就是指學校的投資設立與營運資源，來自社會賢達的捐贈，學校的收益都用作學校營運，不會回饋任何利益給投資捐贈者或董事會。「東莞台商協會」於1995年成立「教育事業委員會」之後，會長葉宏燈即以「公益辦學」的使命感，肩負號召兩岸相關人士投入資源建校。

IT製造業起家的董事長葉宏燈，為了投入創校的工作，毅然決然從自己的事業工作領域離開，專心投入辦學。經過四年的努力，終於成就這個劃時代的創舉。

東莞台商子弟學校

東莞台商子弟學校

葉宏燈董事長投入東莞台商子弟學校的辦學，將近20年，這20年來，沒有從學校領取任何酬勞薪水，只有每天中午跟學生一起到餐廳免費吃飯。學校餐廳的餐費每人八元，所以，葉宏燈董事長被戲稱為「八塊錢董事長」、「八塊錢爺爺」。幾乎全校師生都非常愛戴他，學生更是與董事長爺爺打成一片，畫面很溫馨。

據說，葉宏燈董事長在IT產業服務時，是一個比較嚴肅的人，但來到東莞台商子弟學校擔任「八塊錢董事長」之後，卻變成非常親切的爺爺，跟孩子們十分親近。

以培養第二代接班人　為辦學特色之一

創校至今十三年，隨著學生成長以及辦學口碑好評，東莞台商子弟學校的學生越來越多，據說從幼兒園到高中已有約二千多名學生。在所有師長的努力投入下，東莞台商子弟學校的學業成績優異、升學表現更是大陸三家台商子弟學校之冠，因而成為珠江三角洲的「私立名校」。

在學校一角看到許多捐贈人的名單與捐贈金額，我們對於捐款最多高達二千萬元人民幣的捐贈者「瀟湧村委會」感到非常好奇！經過導覽老師的說明，瀟湧村就是學校的所在村落，這個村子的村民非常富裕，也很重視村民的教育與素質，所以大力捐助東莞台商子弟學校的建校。老師說起這個富有的村落，我們聽得津津有味，據說瀟湧村的男人娶進來的老婆，學歷越好，村委會給的獎金越高，特別歡迎碩士、博士級的女性嫁進來。我們笑說這是很厲害的優生學啊！瀟湧村的後代子孫肯定才人輩出。

一個只招收台籍學生的台灣學校，坐落在一個東莞的村莊。村民的孩子是上不了台商子弟學校的，可村民們都用最寬厚的胸懷接納了這個學校和這些台灣的孩子。在學校的捐款榜單上，排在第一名的是村委會！有什麼比這更能貼情達意地詮釋「兩岸一家親」？！

【小·編寄語】

　　導覽老師提到，這所學校的學生，一定要有台胞證才可以入學！所以學生的家庭背景幾乎清一色都是企業家或台幹的商人色彩。這項特質造成了教學上以培養第二代接班人的特色教育。不僅是課業學識，學校更重視學生的人格養成與生活教育。

　　學校還有一項深具意義的活動，就是每年都會針對高二的學生舉辦成年禮大典，一切盡可能遵循古禮，學生身著明式儒生長袍，按照孔子時代的周禮儀程，進行代祭祀舞蹈八佾舞表演、跪拜雙親、接受師長祝福和嘉賓授冠的儀式，以此儀式象徵自己長大成人。

台商二代的培養和接班，是在莞台商最關注的事情之一。企業要永續經營，首先要順利交棒。以往由於教育問題得不到解決，多數台商二代是在台灣或歐美接受西方教育，對大陸不了解甚至存在偏見，都不願意到大陸來接手父輩事業。而台商子弟學校恰恰解決了這一大問題，讓孩子在父輩所打拚的地方成長，彌補了台商因奮鬥事業不能陪伴孩子成長的遺憾。

這個活動促進了更深刻的親子互動，平常忙於事業的父母，可能疏於參與孩子的成長，並且，正值青春期的學生，也進入叛逆期，往往不願意跟父母交流互動。因此，在成年禮大典上，進行到跪拜雙親時，現場都會非常催淚，只見父母驚喜感動的臉孔，學生也因為感動而更懂感恩父母。這瞬間的感動是巨大的能量，讓身處異鄉的親子之間，在日後可以更加相互體諒、支持。此外，這個活動，也具有傳承中華文化的實質意涵，非常有意義。

師生一同成長　世界非常大的畢業旅行

東莞台商子弟學校還有一個傳統，讓我們這些在海島學習成長的人非常地羨慕！就是高中的畢業旅行，會安排大陸各地的旅遊，目的是拓展他們的視野。例如近期有個很棒的規劃，就是安排準畢業生搭長達二十一小時的火車前往北京，遊歷北京的人文歷史薈萃。老師們談起這趟旅行都回味無窮，還說到一起在人民大會堂接受大陸國台辦宴請，讓學生有永生難忘的經歷。

據說，學校未來還會規劃更具有挑戰性的畢旅行程，無論是邊陲的大草原、新疆、西藏、黃土高原或東北等，都很適合帶學生前往遊歷探索，讓孩子們知道世界有多大。這些路線聽得我們這些在台灣經常吃喝玩樂的博主，羨慕不已，都是我們超級想去的地方啊！此時，一行人竊竊私語，話題又是：唸這個學校好好喔！台北學生的畢業旅行最遠只能去墾丁！

與我們分享這些點點滴滴的台籍教師們，也因為這所學校的特色，而有了不同的教育人生經歷。無論隨著學生畢業旅行、校外教學、或是老師們自

東莞台商子弟學校

東莞台商子弟學校

東莞台商子弟學校

己的聯誼旅遊，格局與視野都擴得更大了！其中幾位台籍老師更分享了自己是因為孺慕中華文化，而十分陶醉於東莞的教學生涯，主要原因就是可以進行更多內地的旅行與探索。東莞台校圖書館館長說：以前歷史書上看的場景、文物、風土人情，現在可以親眼看到，是一件非常感動的事情。

學校內也有老師夫婦一同在學校服務，並舉家搬到東莞，十三年來以校為家，甚至已經在校外置產，是新東莞人了。資深老師與我們談論著剛到東莞生活時，某些曾經很不習慣的兩岸文化差異與體驗，還有文化差異衝擊下的另類生活情趣。我頓時覺得，這些老師跟台商一樣，都具有非常積極地開拓性格，他們可以暫時拋卻故鄉熟悉舒適的生活環境，帶著開墾的精神，到一個未知新領域貢獻自己所長，並抱著「終身學習」的心態，隨著異地生活與工作繼續成長。

【小編寄語】

既是台灣人，也是新莞人，共融合、共學習、共進步，是許多台灣老師在這個異鄉城市的心態。如此平和，還是歸功於東莞很「台灣」，鄉情、鄉味在東莞都能找到。

　　我的學弟網友、負責教地球科學的施老師告訴我，到東莞教書的最大收穫，是他娶了一個上海姑娘當老婆，目前夫妻倆仍是分隔兩地，偶爾旅行相會，小別勝新婚。問施老師會想要回台灣嗎？他說當然會，台灣的生活條件畢竟是自己熟悉的。但是，台灣的教育環境卻因為少子化與教育政策的關係，教職非常飽和，能不能回台灣，還是要看機會。但是在回台灣之前，他還是很享受在東莞的異鄉生活。

　　聊著聊著，我們離開正題，熱烈討論起東莞的美食，台籍老師們分享了一些他們覺得很好吃的餐館，我們也分享了兩次到東莞旅行吃到的美味。可惜我們聚餐的那家餐廳沒有賣東莞特色小吃「魚包」，施老師說，到東莞那麼多年從未吃過「魚包」，但卻看到我們這些才來過兩趟的博主，熱烈放送著東莞魚包有多麼好吃，老師們心都很癢。

　　接著我們又聊起故鄉台灣，就像久別重逢的好友一樣，彼此交換著台灣旅遊與美食情報，即使人在東莞，還是非常的台灣啊！■

● 台商二代的接棒問題

現今年輕的台商二代相較之下較沒有老台商當年的拚勁與勤奮。

早期老台商做生意多是以應酬文化為主，常常下班後都是繼續約著客戶喝酒談事情，誇張一點的甚至喝到早上，洗完澡刷個牙洗個臉還可以繼續上班又是一條活龍！也可能因為早期的台商大多是這樣白手起家辛苦打下的江山，導致部分台商除了離鄉背井心情苦悶外，身體也多少出了點問題，至於為了生意一時無法顧及家庭，導致妻離子散的台商也大有人在，這種辛酸是現在台商二代較無法體會的過程，這也是產生新老台商「代溝」的原因之一。

「潘朵拉」內衣總經理王玉珠表示：「現在東莞的台商二代，幾乎都是從小就送出國念書，喝過洋墨水，在國外學的是西方企業經營與管理的部分，但光是學校教的那一套，還不足以勝任整個東莞台商的企業管理，跟實際上獲得的社會經驗完全是兩回事。因為東西兩方的環境與人文基本上就不同，真正回到自家企業上班後，要學的實際社會經歷才是最重要的。」況且部分台商二代，也就是所謂的「富二代」，從小就已經過慣了舒適的日子，自我意識較強，大多懷有自己的夢想抱負，也並不一定想接手家中的企業，甚至有些台商二代學成後也不想回來，因為早已習慣在國外的人事物生活，而且部分台灣人在不了解情況的心態之下，還是有大陸普遍較落後的刻板印象，寧願繼續留在習慣的國外，也不願回到東莞面對一開始辛苦的接班問題，這是目前東莞台商普遍會遇到的大問題。

當然，也有部分台商二代肯幫家中分憂，回來接班與學習家中企業。但也因接觸了西方文化，思想與觀念方面必定與老一輩白手起家的台商不太相同，有時老一輩的台商經營方面大多過於保守，這時卻剛好有著年輕台商的新潮觀念注入新血，保守與前衛兩種思想的衝擊之下，有時反而可以讓老企業有著不同的新發展，使企業有著良性成長，這時候的溝通與妥協可就非常的重要了。

　　　　二代接棒是許多台商父輩面臨的問題，因為時代不同、環境不同、教育不同、理念也不同，因此不是所有二代都願意接棒。

雖然俗語說「富不過三代」，家族企業中最大的問題就是傳承、接班與保存的部份。南京大學管理學院副院長茅寧列出的三種接班模式：「親子、女婿、職業經理人。」按照東方的傳統，子女繼承父業是非常自然不過的事了。而很多人鼓勵家族企業的交接班要「大膽交、堅決交、徹底交」。另外方太集團創始人茅理翔所稱的成功接班法則「帶三年、幫三年、看三年」也是很好的協助接班模式。

「帶三年、幫三年、看三年」是為了讓「二代」心甘情願接受，近年來，大陸的民營企業家也自己思考和創造了很多種方式。也為現今一二代台商的交接有了更精闢的說明。

台商面臨世代交替的同時，企業也面臨著轉型升級。王總介紹，健泰花邊針織有限公司之前以外銷加工為主，因不斷感受到整個大環境的改變，為了公司日後的產品通路與內銷市場開始鋪路，自創與生產自家「潘朵拉」的內衣品牌。也許一開始的路多少會充滿一些阻礙，但自創品牌「潘朵拉」成立後，也讓健泰花邊針織有限公司漸漸打響名號，相信強大的品牌效應也可以一直延續下去！

●蛻變中的新世代　充滿希望與活力

目前整個大陸台商幾乎都面臨第二代接班問題，在這次東莞台商訪問過程中，許多先進都提到子女不願意接班，擔心辛苦打拚的事業無法傳承；也有幾位正在東莞幫忙家裡產業的年輕朋友私下表示其實很想回台灣，寧可勸父母考慮將大陸產業結束；不過，也正有一票年輕人充滿旺盛的事業心與熱情，積極準備投入東莞這個產業戰場中。

台商第二代的學歷與資本其實比第一代台商來得更加優渥，但是當他們面對市場改變與產業轉型時代來臨，新一代的東莞台商新鮮人面臨的挑戰更加艱困，不能只想固守傳統家族企業，也必須學習求新求變才能殺出一條血路。

因此現在願意投入大陸商場中的年輕人除了藉由跟隨長輩們學習經驗外，大多還必須有新想法與更加敏銳的觀察力、應變力，才能在瞬息萬變的大陸市場生存下去。

這回前往東莞拜訪的大多是非常資深且德高望重的台商，不過這個全大陸規模最大的東莞台商協會實在非常精彩，除了32個區分會外，旗下還針對台商眷屬與第二代發展出許多分支機構與活動社團。而「東莞台商青年會TID (Taiwanese In Dongguan)」便是從婦聯會延伸而成的新組織，組成會員大多是台商第二代子弟或是剛到東莞不久的年輕台商與台幹，年齡介於在25~35歲之間，目前人數大約一百多位，並且陸續增加中。

東莞台商青年會初期成立以交流聯誼為主，原本是婦聯會希望協助東莞年輕人有更多交友空間，於是組織青年會，定期與不定期舉辦許多聯誼、運動、休閒旅行……等活動，讓東莞的年輕二代能彼此多多認識交流。

　　隨著會員增加，東莞台商青年會逐漸成為台商二代尋求潛在事業夥伴的重要交際平台，透過青年會活動認識更多東莞台商夥伴，進而建構人脈、分享經驗、共同培養企業經營能力。因為有著共同學習、共同成長、相互團結合作的理念，青年會也擴展舉辦許多進修、講座、優良企業觀摩……等有助於工作的活動。

　　　　在青年會可以見到比較不同於第一代台商的業務發展作法，早期談生意大多是喝酒博感情，但第二代則是以運動、旅遊、企業觀摩、講座……等優質活動來進行交際。

　　在這個圈子中，每個人都可能是自己的客戶與合作夥伴，彼此建立良好關係、分享業界訊息，參與這些活動有助自家產業的維持經營與轉型發展，甚至進而攜手合作開發新契機，因此東莞台商青年會也漸漸壯大活絡起來。■

● 慈濟人的大愛力量

記得第一趟到東莞參訪時，在長安鎮聽到一位領導談起台商帶動東莞做資源回收的風氣，把台灣推行經年、成果不凡的環保精神帶進內地。當時我就對這些台商很感興趣，於是第二趟參訪活動中提出自己的想法，在台商月刊與東莞台辦的安排下，前往參觀了台商推動資源回收的過程。

原以為只是見到相關人士，聽聽他們說明理念與作法，沒想到，我們被帶到一個很具規模、很專業的資源回收場，是由台商出借的工廠場地，由一群來自台灣到東莞經商的慈濟人，同心協力把慈濟聞名於世的大愛力量、環保精神帶到對岸。不得不欽佩慈濟人的向心力與實踐精神，影響力之大舉世皆知。只能說「慈濟」已成為台灣的知名象徵之一，有台灣人的地方，就有慈濟人。

他們是一群來自台灣到東莞經商的慈濟人，同心協力把慈濟聞名於世的大愛力量、環保精神帶到大陸。

有台灣人的地方 就有慈濟人

文/瑪格

台商帶我們實際走了一趟資源回收場，發現這裡分類非常精細，連我們這些台灣部落客看了都汗顏，住在台灣的台灣人也沒有分得那麼仔細啊！只能說，慈濟精神無敵。在這個資源回收場，所有的廢棄資源都會有志工前來自發性分類整理，而且還回收再利用！譬如利用廢棄寶特瓶可以製造衣料、水果皮可以製成酵素、甚至許多台商工廠生產卻沒有上市銷售的物品，也都有二手市集可以開放給大家認購，充分發揮垃圾變黃金的精神！

　　據說這些透過資源回收再利用而獲得的金錢回饋，將做為繼續推展環保活動的基金，例如，協助開辦更多回收站，讓更多人明白環保愛地球是刻不容緩的事情，並由志工的身體力行與分享，讓這些理念走進家庭以至被每一個人認同。

　　兩趟到東莞，都很開心見到既懂美食又很會唱台灣歌的方姊，這位道地東莞人就是受到慈濟精神的感動，也親身投入資源回收的行列，並且影響著身邊的親友。**看到這些志工不分台灣人、東莞人，齊心齊力做著一件增進世界美好的事情，真的很令人感動。看到台灣人在他鄉，全心全意用自己小小的力量展現台灣人的美好，更是驕傲不已。**

　　參觀完資源回收站，我們小坐片刻一起喝杯好茶，順便品嚐其中一位台商新推出的鳳梨酥，口味確實很家鄉！告別之前，我們還在院子裡發現好幾株台東釋迦，並且已經結果，驚喜不已⋯⋯台灣的DNA已經滲透進東莞的土地裡，如此具體而微、影響深遠。■

PART ── 3

聆聽台商

如果

有一雙翅膀

你會飛去哪裡

如果

有一首動聽旋律

你會去哪裡哼唱

如果

有一片土地充滿激情與夢想

你是否願意

是否願意

去開闢

……

謝慶源 文/麻吉小兔

東莞台商協會第九屆會長（2010-2013）

台德興鋼材有限公司 董事長

小牛津教育集團　董事長

　　來到大陸20多年，謝慶源一直低調深耕，多行業發展，從皮具製造到服務業，再到鋼材產品產業，被稱爲「從最軟到最硬的企業家」；身兼東莞台協會長重任，謝慶源從不忘幫助台商，爲台商分憂解難，「有困難，找謝會長」已經成了東莞台商圈中一句並不陌生的口頭禪，特別是在海關方面，東莞台商圈無人不知謝慶源會長的「活動能量」以及他對海關業務的熟練程度。

　　在人們對他「儒商、企業家、社會活動家、東莞台協大家長、台商服務熱心人」的印象之外，他還熱心教育，聯合其他台商先後在東莞建立了「小牛津雙語幼兒園」、「厚街小牛津學校」與「厚街道明外國語學校」三間學校。

愛拼人生

●20年東莞創業人生
從傳統代工、服務娛樂到辦學教育的多元企業家

20年來大陸經濟迅速發展，競爭也相當激烈，謝慶源會長選擇讓企業不斷轉型，以多角化經營來分散風險。

辦學之前，2001年謝會長重回製造業，創立「台德興鋼材有限公司」，一路走來，歷經最軟的皮具產業、娛樂服務業、文教業、醫院，一直到最硬的鋼材產業，也因此謝慶源會長被稱為「從最軟到最硬的企業家」。

在東莞打拚20年的謝慶源經歷各種企業轉型，看盡人生百態，來來去去的台商無數，有歡笑也有失意，但他更清楚集體歸屬感與團結的重要性。

東莞台商協會就是謝慶源的大家庭，他與其他台商一起努力合作，克服各種困難與危機，加入東莞台商協會之後，服務台商也成了他的使命。

擔任東莞台商協會會長一職後，謝會長天天都是忙著協會工作，每天從早到晚，就連台商春節想買機票回台灣都可以來找台商協會，價格也絕對比市場便宜，這些都是會長跟協會一起去爭取來的。

> 來自彰化的謝慶源會長，即使已經是在商場打滾超過三十年的企業家，依然保有台灣人熱忱服務與苦幹精神，短暫的相處，讓我們由衷佩服與尊敬。

看到謝慶源會長的用心，讓人相當感動。這位誠懇、認真、勤奮的大家長，有著克苦耐勞、認真打拚的台灣精神，不藏私的將個人創業經驗與大家分享、幫助需要幫助的人，期待能夠與大家共同打拚，營造更好的投資環境。

生活碎片

和善親切的大家長

這趟東莞之旅，我們以不同於觀光客的角度來欣賞東莞與了解東莞，也因為東莞市台辦的熱心安排，讓我們盡興得特別在地化、生活化，也享受許多東莞美食，是趟非常難忘的旅行。最特別的經歷在於有機會拜訪幾位東莞台商協會代表先進，其中讓我印象特別深刻的，便是第九屆台商投資協會會長謝慶源會長。

進到台商協會，環境沒有想像中的奢華，反而是傳統簡樸的辦公環境，經過的每個辦公室似乎都忙個不停，電話聲此起彼落，讓我特別強烈感受到台灣人老實、辛勤、認真的工作幹勁。當我們被招呼到台商協會接待室時，裡面坐滿了十多位訪客，熱鬧滾滾的氣氛讓我感到些許訝異。偌大的接待室容納了多達二十多張沙發，為的便是接待來自各地訪客，尤其是需要協助的台商們。就在我們訪問的當天，台協的客人中還有一位就讀台大研究所、專程跑來東莞訪問實習的日籍學生，感覺台商協會處理的事務真是複雜又多元。

而謝會長給我的第一印象，便是不停和善地回應來訪賓客的每個問題，試著幫忙解決與處理。正式訪問與接觸後，也發現謝會長真是個內斂、樸實又親切的長輩，感覺又信任、又溫暖，給人十足的安全感。我想這一點，應該也是讓許多台商感到放心的特殊魅力吧。

訪問過程中，謝會長有問必答，也跟我們聊了許多東莞台商協會的工作事務、重點服務內容，以及台商創業故事，即使公務繁忙，謝會長始終保持微笑，親切地回應我們，甚至訪問後還親自帶著我們去品嚐東莞當地的台灣小吃。

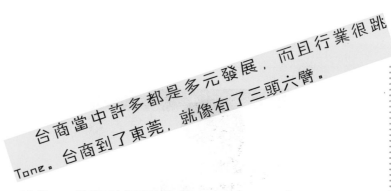

台商當中許多都是多元發展，而且行業很跳Tone。台商到了東莞，就像有了三頭六臂。

轉戰娛樂事業，首位不喝酒的酒國英雄

1989年隻身前往上海的謝慶源開設了皮具製造工廠，隨後於1991年轉至東莞虎門設立皮具加工廠。隨著傳統產業競爭越來越激烈，1994年在因緣際會之下，謝慶源改行創立「東莞合家娛樂城」，轉戰服務業長達十餘年。整個娛樂城有KTV、保齡球館以及住宿酒店，不但是厚街第一家卡拉OK酒店，也是規模相當大的複合式高級娛樂城，另外還開了厚街第一家汽車旅館。

當我聽到謝會長聊起經營娛樂城的故事時，還真是又好笑、又佩服。當時許多台商都會來KTV應酬做生意，難免要喝酒，在台灣傳統的酒國應酬文化中，酒店老闆一定得來陪客人喝兩杯表示交情，想來大多數經營這一行業的老闆應該是天天喝到爆肝才對。可是謝會長卻有著堅持不喝酒的個人原則，堅持久了，客人也習慣了，就不會硬要他喝，這也算是酒國奇葩。

謝會長說，初期客人敬酒不喝就被認為是不禮貌，很多客人還會翻桌想打人，但這是他的堅持，他認為喝醉了神智不清就沒辦法經營事業，久了客人了解他的原則，也不會逼他喝酒了，其實任何好堅持、好原則都是可以有方法執行的。

從傳統業皮具加工轉戰娛樂服務業，看得出來謝會長眼光獨到，對市場敏銳度也高，不斷創新迎合潮流，不守舊是他成功的不二法門，就是這一點讓我相當敬佩這位來自彰化的純樸企業家。

創業花絮

郭正忠 文/KenJi

東莞台商協會虎門分會 會長

他是最早一批推動「虎門製造」向「虎門創造」轉變的台灣商人。

22歲時揣著50萬新台幣來虎門做服裝，至今已17年。

作為最早一批在虎門開服裝工作室的台商，郭正忠將台北的「五分埔模式」引進虎門，成為推動虎門製造向虎門創造轉變的台灣力量。

他見證了台商在虎門服裝界由盛而衰的過程：曾經讓虎門服裝產業脫胎換骨的台商，卻在虎門成為亞洲服裝重鎮後，出現經營瓶頸，以至於難以突破。

擔任東莞台協虎門分會會長後，郭正忠力促虎門服裝台商抱團發展，在2011年9月的虎門服裝展上，「台灣服裝精品區」大放異彩。

愛拚人生

●離鄉背井：一把辛酸淚

　　郭正忠是最早一批在東莞虎門經營成衣服飾的台灣人之一。他早在1996年時，就離開台灣隻身前往至虎門這個陌生的地方做生意。但在這之前，郭正忠就已在台灣與朋友合夥經營服飾生意，進而擁有了十多家分店。到虎門投資後，郭正忠在台灣的店面一度擴張到了200多家。

合作分工 產能大增

　　一開始，郭正忠來到東莞虎門的經營方式，是從韓國批貨至虎門來販賣。因為早期虎門服裝市場還沒現在這麼飽和，流行資訊也比較沒那麼迅速，對虎門商家來說，郭正忠從韓國帶回來服飾相關產品，幾乎都是當時最新最火的一手潮流與資訊，所以起初販賣成效非常良好。慢慢的，在工作圈中遇到了另一位從香港到東莞虎門投資工廠的香港商人，兩人一拍即合，決定可以合夥分工，讓產能大躍進。當時，有工廠的香港商人負責打板與生產，而郭正忠就開始負責海外的接單工作。

　　而後，經由這樣的合作模式與分工之下，產能大增，服飾生意自然越做越好，錢財當然也更輕易的就成為囊中之物。但是當時的郭正忠因為年紀尚輕也氣盛，而且較不知節制與珍惜，因為賺得容易，自然也花錢如流水，雖大筆金額入袋，難將資金保存下來！當時郭正忠主要的服飾訂單，還是來自於外銷的部份。當時合作的客戶幾乎遍及整個亞洲，像是新加坡、馬來西亞、泰國與台灣等等，但主要的大宗客戶還是台灣居多，那時候光是郭正忠在台北五分埔商圈的合作客戶，就已經大約有200家之多了。

五分埔的服裝來自虎門，而郭正忠又把五分埔的經營模式帶到了虎門。

五 分 埔 與 虎 門 的 淵 源

在台灣當時主要的服飾貨源幾乎都來自於台北市的五分埔商圈，而其實五分埔的批發服飾卻是來自於東莞虎門。在虎門只要人民幣8~10元的批發服飾價格，過水來到五分埔之後，售價就可以喊到100~150元新台幣！當時五分埔商圈的服裝批發商皆是由虎門批發貨品進而來台銷售，單件商品的獲利就可超過百分之五十！而當時郭正忠自家的服飾零售店，利潤卻不到百分之二十，讓他深深地體會到，在當時若想要靠服飾獲利，就一定要去虎門，才能獲得更高的淨利！

郭正忠自從有了到虎門發展的想法後，便開始著手規劃東莞虎門之行。而第一次抵達虎門考察當時的服飾批發市場，不過才為期八天，但郭正忠已嗅出當時虎門的商機，便毅然決然的做出重大決定——他決定要前往東莞虎門，進行服飾投資發展。郭正忠由東莞虎門返抵到台灣後，隨即告訴父親說：「爸，我想要去大陸發展。」郭爸爸則平靜的回答：「是嗎？好吧，你若想到大陸發展，就得靠你自己，我不會資助你任何投資資金。」就這樣，郭正忠開始計畫著把台灣服裝零售的店鋪，漸漸交給合夥的朋友經營，自己則帶著五十萬的新台幣，隻身來到了東莞虎門，這個他完全不熟悉的城市。這年，他才不過二十二歲。

成功之道在於努力學習

當我們問到在虎門這個龐大的商圈，郭正忠何以能由大陸的茫茫人海中成功？

細節決定成敗，想要成功，就要先把細節做好

郭正忠則非常謙虛的表示：「其實能成功，我想也是運氣。當時，我是個做成衣的門外漢，也不懂車工、打板，靠的就是一股腦的傻勁，與在錯誤中學習成長。後來，有了自己的加工廠之後，為了實際了解成衣的製作方式以便討論，有時間的時候，便勤快的跑到工廠中看著師傅打板、車線，讓自己實際了解製造服飾中所有的流程與細節。」

郭正忠接著透露說著：「位於台灣高雄的老家生意，其實是在做模特兒與衣架的製造廠。以前不時就愛跑到工廠看製作流程，例如如何焊接、打樣等等。所以一直以來，對於工廠經營的方面多少有些基礎概念。最後選擇來東莞虎門投資，從批發商轉型成為服裝生產產業，既然決定要做了，就該把所有的細節學好！」

心事若無講出來　有誰人會知

有時陣想要訴出　滿腹的悲哀

踏入七逃界　是阮不應該

如今想反悔　誰人肯諒解

心愛你若有了解　請你著忍耐

男性不是無目屎　只是不敢流出來

心事若無講出來　有誰人會知

有時陣想要訴出　滿腹的悲哀

踏入七逃界　是阮不應該

如今想反悔　誰人肯諒解

心愛你若有了解　請你著忍耐

男性不是無目屎　只是不敢流出來

踏入七逃界　是阮不應該

如今想反悔　誰人肯諒解

心愛你若有了解　請你著忍耐

男性不是無目屎　只是不敢流出來

——《心事誰人知》

親力親為，虛心受教，成功非偶然

　　當年，郭正忠不過只是個二十出頭的年輕小伙子，原本就在台灣做服裝零售連鎖店，但是因為貨源的成本比較高，而且許多貨品都來自於大陸，心裡早就種下要去大陸開開眼界、提高淨利的因子了。後來，認識的朋友們相繼說要去東莞虎門看看那邊的服裝市場，他也在幾天的考察之後，便決意前往虎門發展。也因為郭正忠覺得當時的虎門對於服飾的流行資訊還不是很成熟，所以就著手由韓國進貨，在虎門生產。服飾成品主要做外銷亞洲市場，最大宗的就是出口至台灣或香港。

　　在早期，因為東莞虎門當時的人工便宜，所以製造生產方面，成本可以壓的較低，利潤自然也就比台灣

的連鎖店高了。而當時虎門的工廠企業都是做內銷為主，部分原因是當時政策尚未開放。但其實光在大陸做內銷，出貨的數量就已經是非常令人驚訝的了。例如一件新款服飾，以前郭正忠在台灣可以賣到二、三萬件，這個數量對台灣來說，其實已經是很不錯的成績了。但是，在大陸一個單款的基本量，光是內銷就是兩三百萬件起跳，這樣的數量已經是台灣出貨量的百倍了，非常令人驚嘆！所以對郭正忠來說，當時大陸的發展潛力實在無窮，隻身前往東莞虎門發展絕對是勢在必行的！

　　郭正忠雖謙虛的說自己是運氣好，但在我們看來，成功絕對不是偶然。若不是郭正忠當時的虛心受教，自己願意親力親為地了解工廠中大致的製衣過程，也不能奠定他的成功。肯下苦心虛心努力的學習，成功只是必然。

愛拚人生

跌入谷底，東山再起，
需要經歷黎明前的黑暗

惡性競爭導致訂單流失

　　郭正忠回憶：「當年也是因為我太年輕，不夠細心又太老實，把客戶當成好朋友一般不留一手，手邊所有的商業資訊只要朋友有問起，我幾乎都毫不隱瞞。」所以，不難想見之後就有些老客戶漸漸直接跳過郭正忠，轉而自行向上游廠商購買貨源，進貨的批發價更低，最後竟然出貨價格定的比郭正忠還低廉，導致庫存裡滿滿的存貨最後只能以成本價出清，而且原本滿滿的訂單也漸漸的流失。但當時郭正忠心想，雖然有些客戶流失，但對留下的老客戶，原本的那些熱情與應酬還得繼續，不能停擺才能維繫往來交易。

　　正當郭正忠還在痛心信任的老客戶過河拆橋時，另一方面，當時的香港合夥人除了生產服飾產品之外，卻也開始利用郭正忠從各地帶回來的廠商資訊，自己私底下接了許多郭正忠未知的訂單，而且定價硬是比郭正忠低上不少……這一類惡性競爭的情況，總是一波未平一波又起的不斷發生，等到

愛拚人生

郭老闆驚覺老客戶與原始訂單已經流失得太多，正想著要重新開發客戶的當下，卻因為在長期的熬夜應酬、作息生活都不正常的情況下，身體開始出現了狀況。當時幾乎有整整兩個月，郭正忠都因為舊疾「痛風復發」，而躺在床上不良於行，無法進行任何工作，可謂屋漏偏逢連夜雨！

郭正忠仍記得當時正逢農曆新年，大家一想到可以返鄉過年都非常的開心。郭正忠卻因為老客戶與原始訂單的流失，兼之臥病在床不良於行，整整兩個月幾乎工作全都停擺，也造成經濟上的莫大困境。當時的郭正忠與郭太太身上只剩下僅有的幾千塊人民幣，卻也只能硬著頭皮回台灣過農曆新年。堅強的郭正忠怕家人擔心，所以幾乎完全不敢跟家裡的人透露身上發生的種種事情，但其實內心卻非常煎熬。在當時，家人的關心，都會變成一股無名的壓力，幾乎快將郭正忠壓得無法喘息！

跌落谷底後東山再起

當時雖然經歷了許多不好的記憶，但也因為有了這些前車之鑑，郭正忠從失敗中求成長，這時候便開始轉變成由自己生產，不再假他人之手，所以便決定在湖南投資了加工工廠。當時也很慶幸碰到一些好朋友的幫忙，陸陸續續提供給郭正忠些許的生產訂單。當時，郭正忠就由那些從前沒想過的小額訂單開始，凝聚自己的生產線，穩紮穩打的細心經營，才獲得了現在的成就。

正也因為「台灣人堅忍不拔的韌性」，才讓郭正忠就算當時可謂跌到了谷底，但之後，卻依然能積極正向面對，不放棄任何希望的繼續努力下去。郭正忠曾經在接受台灣的某家電視台專訪時，提到那段近乎跌到谷底的過程忍不住紅了眼眶落了淚。他表示：「說實在的，當時毅然決然的隻身來到東莞虎門投資，也約有十六七年之久，說到錢，當然一定有賺到。

但是，爬的越高，摔的越重，當然一定也是有掉下去的時候。但通常大家都只會選擇看到成功的這一面，而另一面，背後的辛酸過程卻往往都被忽略了，套句台灣的歌名，《心事誰人知》。」

郭正忠在這段「人生高低起伏」的期間，很慶幸的夫妻倆鶼鰈情深，郭太太一路都陪伴在身邊。「不管好的壞的」兩夫妻全都一同經歷到了！「那時候正逢人生最低潮的時候，從花錢如流水到處處跟友人借錢的日子也體驗到了。」郭正忠說著：「從擁有所有到失去一切，再從失去之中調整心態重新站起來，這段過程真的非常非常的辛苦與困難，到現在仍然印象深刻。」雖然最艱苦的那段時期還沒有到負債的地步，但對一個生意人來說，幾乎完全沒有資金可以運轉，等於就是最大的負債。對一個東莞商人而言，眼前明明都是大好機會，卻欠缺籌碼，沒有資金可將腦中計畫去付諸實行，是多麼可怕的一件事啊！

而且，其實郭爸爸本身就在台灣高雄一帶經商，算起來老家的經濟狀況都很不錯，只要開個口，家人不可能視若無睹，多少會提供援手資助。但是當時郭正忠在面對這些困境時，選擇自己努力的一肩扛起，也完全沒有告訴家人，更遑論尋求家人的資助。由此可見，「台商的韌性」絕對是我們值得學習的強大正向能量！

也或許是因為郭正忠早年事業曾經跌落谷底，所以這幾年對於經營生意上及心態上，都有著不小的轉變。郭正忠說，現在他對於很多事情都漸漸趨於清心寡慾，看得雲淡風輕。淡然的心態反而讓自己在心情上與事業上慢慢的都豁然開朗，因而讓郭正忠學會了珍惜手中所擁有之物，也更加珍惜眼前人。無論是家人、太太、兩個兒子跟目前手頭上的生意人脈，都是需要細水長流，穩紮穩打好好經營的！

生活，其實是塊七色板，有著追夢的艱辛，有著成功的喜悅，有著失敗的痛苦，當遭到重創跌入谷底時，你會怎麼做？

　　如果你碰到一個雨天，很大的雨，最要命的是你沒有傘，你會怎麼樣，是努力奔跑？還是漫步雨中？

　　奔跑，意味著：沒有後悔，沒有抱怨，勇敢地面對，接受挑戰，努力爭取，無所畏懼，心中充滿理想，對人生充滿希望，懂得為自己創造機會，積極主動。漫步，意味著：消極被動，逃避挑戰，未戰先輸，忍讓妥協，喪失機會，一眼可以望到頭的人生，逆來順受，不思進取。

　　人生之所以存在不同，是因為我們的想法不同，是因為我們對機會和挑戰的定義不同，是選擇勇敢的面對，還是選擇消極的逃避，就結果而言，我們不敢絕對的判斷，但是這兩種生活卻告訴我們一個很明白的道理，第一種人還有希望，第二種人卻只剩下失望。很明顯，郭正忠是第一種人。

傷身又花錢

在當時，應酬文化極為盛行，若有台灣客戶來虎門，郭正忠幾乎都捨命陪君子。那時的郭正忠也因為年輕，體力尚佳，為了盡到地主之誼，各地客戶只要來到虎門採買，郭正忠就熱情的陪著客戶應酬喝酒、或打打麻將等，全程毫不推辭的一路陪到天亮。若是偶爾還好，但當時郭正忠正值沖事業的當下，來往客戶群多如過江之鯽，長期這樣應酬熬夜下來，不知不覺身體便開始有些警訊，讓他歎道：「當時的日子實在傷身又花錢啊。」

平常的休閒娛樂，家庭生活的小縮影

對於郭正忠來說，服裝產業必須時常注意著流行趨勢，所以一年365天，也只有農曆新年的時候才有放假休息的時候。在虎門的時間除了工作，平時最多就是跟其他台商打打高爾夫球、聯繫聯繫感情、或是陪陪老婆小孩，在虎門生活的台商生活圈多半是如此。但是他認為整個東莞與虎門的生活機能已經很完善，對郭正忠來說，在東莞虎門這裡的生活模式已與台灣相差無幾！當然，每一段時間郭正忠還是會安排各地的旅行，目前的夢想就是可以到世界不同的國家走一走！

而說到對於小孩的教育，郭正忠也有自己的一套方式。他倒不是特別要求孩子的成績要多好、學歷要多高，而是盡量讓孩子自由發展。若孩子喜歡念書，他就供到孩子不能念為止，教育的經費絕對不會省，讓孩子尋求出自己的興趣。雖然他的孩子目前成績不是最好，但是品性優良，這是郭正忠最看重的優點。郭正忠覺得孩子會不會念書倒是其次，但是一個人的良好品性才是最重要！未來，等到孩子出社會之後，就要靠自己自力更生了，郭正忠不會資助半毛錢，也不打算把公司企業留給孩子，跟當年父親對自己一樣，該放手時就要放手，讓下一代去開創自己的一片天！

生活碎片

撈金貼士

流行趨勢在服裝行業中，就是靈魂的視窗，就是眼睛。抓不到流行趨勢，在行業內就會像瞎子一樣摸爬亂撞，處處碰壁喪失賺錢的良機。

　　郭正忠自身對潮流的趨勢判斷主要是參考歐亞等地，歐洲像是「米蘭」、「巴黎」等地，而亞洲則參考「東京」、「首爾」這兩大亞洲時尚之都。郭正忠自己本身在台北五分埔經營零售服飾時，早已練就了一套極為敏銳的流行眼光，並不時參考外文時尚雜誌，以便能隨時都能掌握流行脈動。

　　因為郭太太本身負責的是服裝設計方面，所以平時都是由郭太太出國考察時裝資訊。而最常去的還是對於東方人來說較為熟悉的日本、韓國等

地，經過每一季不斷的考察，以掌握每一季的流行資訊！但是同一間公司裡、承擔不同方面工作人員間也會產生許多意見上的不和，就像設計跟生產總會互相衝突。例如設計理念是將「美觀」、「好看」為主要的考量，但相對生產者而言，「生產快速」或是「實用性」才最為重要。也因為這些理念的反差，郭正忠與郭太太的「美觀」、「實用」間的衝突就不斷的衍生，而且服裝產業的狀況非常多且零碎，長時間都需要懸在心上。郭正忠不禁苦笑地說：「所以說服飾設計真不是常人能做的啊！」默默的幫郭太太打了圓場，也不難想見夫妻倆私下的好感情。

另外，郭正忠的成衣批發市場目前是以外銷台灣、馬來西亞、新加坡、泰國等亞洲國家和地區。但是，外銷東南亞的成衣，就沒有「春」、「秋」、「冬」等季節性的問題，雖然同樣是位於亞洲，但地區性質還是相差不少，所以服飾加工的部分，就有很多細節是要需要仔細觀察研究一番後才能一探究竟的！而如果是品牌服飾的部份，流行的資訊早早就已經制定。也許現在才剛入秋，卻已要開始準備明年夏季的流行板型。這些「眉眉角角」的細節實在很瑣碎精細，最主要的還是得要培養擁有「時尚」、「敏銳」的好眼光！

做一條電商價格混戰中逃出生天的魚兒

門檻低　競爭大　價格混戰何時休?

　　約莫十年前，台灣的網路拍賣非常盛行，許多人在那個時候靠著網路商城拍賣而有了自有的品牌，因而致富！但也因為入門「門檻低」，因此大家都想爭這塊餅。網路賣家越來越多，造成網路市場的競爭大，互相削價惡性競爭，再加上近年來網路拍賣平台業者開始收取刊登費用，另外稅局也開始要求營業登記與課稅、還有成交手續費等等，只能說網拍市場這塊大餅，也是成本相對提高，獲利越來越低了！

　　而服飾類別的網拍業者，多半都是自行採購批貨買斷，少部分則是從「韓國」、「虎門」等批發商城批貨，接著才進場拍賣，但若是一旦銷售狀況不佳的情況之下，造成貨物「囤積」，而無法出清。最後為了避免「血本無歸」，只好「削價競售」，最後甚至就變成「賤價認賠」出清。多數的賣家有著這類的情形，最後這樣賤價出清商品，是不斷打壞行情銷售價的「元兇」。

電商低價肆虐橫行
且看服裝行業大師郭正忠有何撈金貼士？

　　郭正忠表示：「網路批發分成小型散客與團購兩大類別，但是這些類別，為了拿到更低的批發價，都需要先有存貨與押金，所以在一開始就有了一定程度的成本壓力，例如積貨的問題！假設今年的流行沒有掌握好，可能大量下訂的貨品就產生滯銷的問題，對於成衣批發或網拍業者來說，是非常嚴重的問題，極容易就造成資金缺口。所以從基本的電腦建檔，存貨與銷售數量的掌控都很重要，銷售佳或容易滯銷的服裝款式都應詳細輸入，無論是店鋪或網路的經營，從事批發最重要就在於存量的控制與掌握，而且網路客人流動性大，熟客回流的比例較低，通常哪邊的服飾新穎、低價，客人就往哪走，所以掌握流行趨勢也是一定的要素。另外，除了基本的通路一定要有之外，雞蛋不放在同個籃子，建議多條路線同時進行，小型散客配合大規模的團購，多方面的進行模式才是正確的不二法門。」

　　目前最火紅的「淘寶網」、「天貓商城」就是大陸網購市場的兩大平台，而號稱有著八億多件商品的「淘寶網」更是來勢洶洶，除了可以線上刷卡外，今年更是結合了台灣的便利商店，透過取貨的方便與多元服務，搶攻台灣網購市場。「淘寶網」開始與台灣便利商店合作，最主要的是可以增加配送的多元性，以及增加24小時取貨的便利服務。降低運費的部份，能讓淘寶網在台灣更具競爭力與吸引力。

撈金貼士

管
理
錦
囊

一分錢一分貨，做好品質管控

　　對於批發成衣來說，其實就是「一分錢一分貨」。像是歐洲的「品牌服飾」有著「設計」跟「名牌」加持，自然賣的價格就是可以貴上許多。而批發的服飾，板型雖佳但材質與品牌多少有些差別，所以價格自然較平實。網路上一件流行服飾可能只需要199、299元新台幣的平價價格，品質自然不能與歐洲品牌服飾相比，消費者購買時應該往性價比方向衡量，不能想著用較低的價錢，卻要求要有好品質，不可能要馬兒好卻又要馬兒不吃草，這樣說來就本末倒置了！

　　另外郭正忠也提到「質量」的問題，往往成本高一些，品質就能好上許多。例如多花個10塊人民幣做好產品控管，之後的售價也許可以拉高至399塊新台幣。「因為我的品質控管比別人好，自然就可以把售價提高些，也可以避免後續客訴問題產生」，郭正忠說。

郭正忠提到：「日本的國民品牌uniqlo優衣庫，就是有帶到當季的主要流行與質量控管，整個品牌服飾有一定的流行性與質量水準、而且最重要的是價格定位親民，所以很容易就襲捲整個亞洲市場。」這讓我想起uniqlo在還沒進軍台灣時，便是台灣人去日本旅遊時「必買」、「必逛」的重要景點，而且回台灣後，一定要與朋友炫耀採購回來的「戰利品」。後來uniqlo正式來台展店，更是出現前所未有的「排隊人潮」！這也顯示了該品牌的經營成功之處。

服裝業遇到的困境與轉變

　　在郭正忠剛來東莞虎門投資時，大陸還比較封閉，流行資訊不足，都是靠香港人或是台灣人從外帶流行資訊進去。雖然當時虎門已經有成衣工廠在做內銷生意，但是流行性不佳，款式大多一般，所以對郭正忠來說，在虎門早期的投資市場中，他可以很快的就達成引領流行的目標，甚至吸引了一些原本在台北五分埔從事服飾生意的老闆們陸續前往虎門投資，這些台商就一起成立了設計中心。當取得當季日本、韓國流行的服飾樣品後，就可以立即打板製作，晚間就可看樣，非常迅速。這些台商們講求「快速」、「方便」的模式，相對也滿足了各地至虎門批貨的批發商。

　　但是這些年，在大陸經濟崛起、政策轉變之後，大陸人出國考察的次數便不下於港商與台商，所以在東莞虎門從事批發服飾的台商優勢已然不復存在。且大環境的景氣不比從前，又跟著物價上漲、勞工意識抬頭，人事成本也越來越高。目前工廠車位工，一個月的薪資約莫是5000元人民幣左右，但以前同樣的職務卻只需要1500~2000元人民幣，且現今的東莞台商更是普遍面臨著「招工困難」的窘境。

管理錦囊

東莞服裝業台商與其他行業一樣，都面臨著「招工難，利潤低」的困境，這似乎成了近年來困擾傳統業台商的一大「魔咒」，郭正忠又該如何破解？

郭正忠感慨的說道：「十五年前剛來的時候，開廠招工的情況下，求職者總是多如過江之鯽，挑工都還能選擇漂亮女孩，年輕壯漢。而現在，早已轉變成上了年紀的大嬸來應徵還挑選工廠，要看提供的吃住是否合意，才決定要不要上班……」相對的，生產成本相較以往實在提高太多，種種狀況造成目前成衣工廠生存不易，甚至會產生大筆訂單進來，卻因工廠人手不足，因而作罷放棄的困局！

像是郭正忠在從前，訂單要有一定的利潤才接，絕對不做虧本生意，一件服飾的利潤至少要15元人民幣以上才接受。而現今因為成本提高，就算一件只有2~3元人民幣的利潤，為了工廠的生計還是得黯然接受。但面臨現今無法避免的高成本，郭老闆目前已經選擇將部分訂單發給其他代工廠製作，或是更內地的工廠加工，藉由減少人事的成本開銷，進而降低成本。且近年來更與一些知名運動品牌合作，以提高利潤的方式經營，轉型為不再只是成衣批發的形式，開創自己的新未來。

隨著資訊越來越流通與發達，虎門的優勢不復存在，新的城市競爭批發市場不斷湧現

服飾產業的分類眾多，大項的分類主要是「批發」，再來就是「品牌」。而一開始就有提到「東莞虎門」則是以服飾批發為主。但最近這一到兩年，整個東莞虎門還是多少受到一些大環境景氣的影響，以致虎門近來的批發出貨量大量下滑。很大的原因也是除了東莞虎門外，廣東其他的

區域也開始了服飾業的崛起，例如「廣州市」。目前許多原本是在虎門批發的老客戶，陸續都流失到廣州的「十三行」批貨。廣州十三行原本早在清朝就是對外貿易的集散地，後來發展成服裝批發一條街，有著「美衣城」、「紅遍天」等批發廣場大樓，是廣州歷史悠久的成衣批發市場。因為早期的服裝流行資訊尚不及虎門的迅速，自然名氣也不及東莞虎門。但這一兩年十三行的流行資訊卻迅速的成長許多，價格又普遍便宜，反而吸引了許多原本在虎門批發的客源轉往十三行！

當前東莞正面臨著需要轉變的時刻，政府也十分幫忙在地台商，積極實施「造牌運動」

　　郭正忠說，目前的東莞虎門正面臨著需要轉變的時刻。但虎門當地政府卻也十分幫忙在地台商，正在積極實施「造牌運動」。目前政府正積極推廣「品牌」與「童裝」的廣大孩童市場，同時也釋放了許多利多與各項補助，希望民眾對虎門的印象，不只是廉價的批發服飾而已，而是虎門的服飾企業也能創造出許多屬於自己旗下的專屬品牌。這樣的品牌效應不但可以抬高售價，也能讓虎門的知名度再度打開。像目前在大陸非常火的童裝品牌「小虎憨尼」，就是出自於東莞虎門的在地企業，也是一個經營自家專屬品牌非常成功的例子。

　　目前東莞虎門政府正實施許多扶植企業的政策利多成長條件，積極的促進該地的自有服裝品牌成長，進而轉變虎門的「批發商城」印像，重新打造虎門品牌時尚之都的地位！■

王玉珠 文/KenJi

潘朵拉神秘戀人品牌內衣 總經理

東莞健泰花邊針織有限公司 總經理

　　從跟隨著哥哥把台灣的家族事業轉移到大陸開始，王玉珠來到東莞已經二十多年，與其他在莞台商女眷不同，她是東莞台商中事業型女性的代表。可以說，王玉珠是把整個青春奉獻給了她所熱愛的事業。時光的歷練，讓她淡定從容，處世練達、善解人意。在她身上，散發的睿智和內涵就像陳年的酒一樣甘醇、像綠茶一樣幽香，越品越有味道。

　　在台商轉型升級的探索道路中，王玉珠一手打造的外銷代工轉內銷品牌「潘朵拉」就是一個典範。「潘朵拉」在古希臘語中意為「集合所有美好於一身的禮物」。從幾十年傳統紡織品製造，到自創細膩時尚的女性內衣品牌「潘朵拉」Pandora，王玉珠讓所有懷揣夢想的女人都能成為最神秘閃耀的一顆星，並擁有最完美的禮物。

●早期台商的觀念與「台灣精神」

許多老一輩的台商做事情皆是「親力親為」，許多公司或廠內不論大小事務大多都是自己決定。「刻苦耐勞、以廠為家」絕對是多數東莞台商共同的成功模式。且台灣人普遍比較節省，把老台商比喻為「勤儉持家」絕對不為過！相較之下，我們時常能聽到香港富豪們買遊艇、搞會所，極盡奢華，而東莞台商們富有的程度雖然不下港商，行事卻低調內斂得多了。

王總三年前在東莞購置了新屋，在購入新房之前，還是一直都住在廠房裡。一方面是早已習慣了工廠附近的人際生活圈，另一方面其實還是放心不下廿四小時不停擺的生產線，常常沒日沒夜的猛加班，就是吃飯時間也放不下工作，早期的台商就是這樣打下基礎的！

王總提到哥哥（王添財董事長）剛開始來到東莞大朗設廠，每天下班後，就是獨自背著公司帳本，約好了路口另一個工廠老闆，同樣是台商的好朋友吃吃大排檔，喝點小酒聊聊天，藉以消磨時間。王添財非常勤儉及念舊，雖然已在2002年於博羅龍溪買了140畝的地來建新廠，整合了從織布、蕾絲、染布的一條龍產業。王董擁有了更大的新廠辦與新穎辦公室，但依然還是更習慣待在有革命情感的舊工廠，他的舊辦公桌已經使用了約二十餘年，至今仍還是捨不得替換。舊廠的辦公室對王添財而言，就像是那些一起打拚多年的老員工老幹部們，彼此之間都已有濃得化不開的深厚情感了。

不只有哥哥是這樣，其實王總自己也是相仿，在購入新廠前，一樣還是更習慣待在舊廠。王總笑說：「這裡有著這些年奮鬥的種種回憶，就算新廠空間再大、廠房再新穎再漂亮，也無法取代舊廠給我的溫度。」我想，這些就是王董與王總記憶中，永遠無法抹滅的時光記憶吧！

生活碎片

● 美好生活從我們手中創造

當被問及在東莞設廠時遇到的困境時，王總反而忍俊不住，彷彿又回到了那段雖然辛苦卻也令人懷念的舊時光。

洗臉刷牙都只敢用桶裝水

她笑著說著：「大約二十年前的東莞市，那時候的環境是現代人幾乎沒辦法想像的。那時的生活環境還不是那麼的完善，當時落後的一些景象跟現在商業林立的繁華相比，簡直無法形容。因為當時就連在工廠附近的生活都非常的艱困，就像是當時洗澡連熱水幾乎都沒有，也因為早期的水質不太好，不用說飲用水，就連刷牙洗臉都需要去買桶裝水」。

王總說她至今都還記得，有一次白天去拜訪客戶，結束後洽逢中午休息時間，雖然路邊就是整排的大排檔，但那時的衛生問題還是不夠佳，也幾乎完全不敢碰路邊攤的食物，一路餓回工廠。但久而久之，東莞越來越進步，當然也是因為入境隨俗，時間一長，慢慢也都習慣了。從1995年正式設廠，東莞的變化還是非常快的。

落後的條件反而讓台商們把娛樂的精力投入到工作中

再來，初到東莞，精神娛樂方面也是個大問題。對那時的台商來說，男人的娛樂不外乎就是喝酒應酬，再加上偶爾打打高爾夫球談談公事。但對王總這樣一個年輕貌美的女人來說，一開始來東莞的時候幾乎可以說是沒有任何娛樂可言。因為在1993年時期的東莞市，還是個以農業為主的農村，不會有諸如SPA或按摩等等的休閒場所。這樣的情況下，她初到東莞那段時期只好每天埋首於工作，讓自己盡量忙碌一些，時間就快了。

生活碎片

別以為到大陸闖蕩的只有男人，女人做起事業來，剛柔並濟的力量，更能風生水起。

而早期的台商大多都是先生先前來東莞打拚，太太們留在台灣，這樣進可攻退可守。在當時的各種情況來說，實在頗為艱苦難熬，但這些台商秉持了一貫勤奮的「愛拚才會贏」的性格，才會造就了東莞現在的經濟奇蹟。也或許就是因為早期的生活環境不佳，更需要許多的辛勞努力，讓在東莞的台商們卻意外的有了滿滿的凝聚力。在採訪的過程中不難發現東莞的台商們實在很團結，而且大家幾乎都互相認識，只要有誰遇到困難就會彼此協助，迅速確實，真誠伸出雙手互相幫助的故事令人感動。這些，都是離鄉背井前往東莞的台商們長期培養出的真摯情感，也因此，東莞的台商們不論做任何事都是團結一心，在我們的眼中看來，他們不像各個行業的企業主，卻像是一個互信互愛互相幫助的大家庭。

月是故鄉明，抱團互慰思鄉苦

　　而後期，前往東莞的台商漸漸扎穩腳步，緊接著也把原本身在台灣的家人一同接往東莞生活。當時，台商協會的太太們時常聚集在一起，或是訓練腦力的玩玩牌、或是烹飪出自家的好味道來懷念台灣，甚至開始玩起烘焙、做餅乾蛋糕，這也都是因為對早期的台商女人們來說，東莞幾乎沒有什麼所謂的休閒娛樂，才造就這樣的相聚活動。但也藉由了這些活動，反而讓身在東莞的太太們感情越來越活絡，甚至每次返台要回東莞前，在台灣裝貨櫃時大家便會互相通知，統計貨櫃裡要攜帶些什麼，除了一些必備日用品外，裝櫃時最受歡迎的，不外乎就是一些台灣味的泡麵、罐頭等等美食，雖人在他鄉，但月是故鄉明，當時這些食物可以喚起「深層的味蕾記憶」，排解思鄉之苦。

　　我們問起王總在遭遇到沮喪挫折而灰心時該怎麼辦？沒有興起一絲「回家」的想法嗎？王總微笑著說：「當時在台灣的機器與設備全部都

連原本該是垃圾食品的泡麵、罐頭，有了「台灣味兒」，也成了台商眷屬們排解思鄉之苦的良藥

一起遷移過來了，當初也就是抱著繼續前進不能後退的心情前來東莞。當初雖然辛苦也想家，但也因沒有退路，也想著要發揮台灣人的韌性，咬牙一撐，一做就是二十多年，現在卻也早就習慣這裡的生活，只能說再也回不去了！」雖然王總是帶著微笑，輕描淡寫的敘述這段回憶與往事，但時常在訪談過程中感覺得出來，在移廠至東莞一開始時的過程之中，一定處處充滿了種種困難，但王總卻依舊微笑面對任何困境。

艱難的日子過去了，台商們創造了美好的生活，仍然不變的是團結，連買房都要「抱團」。

近年來，東莞這個城市發展得非常迅速，在這次的訪談過程中，東莞這個城市給我們的感覺則是非常方便及舒適，生活的條件與便利性幾乎不輸給台灣，還越來越進步，實在很難想像20年前的生活環境。也是因為現今東莞跟台灣的生活環境條件已經相差無幾了，因此這些年陸續有更多台商開始舉家搬至東莞，已看不見當時的鄉愁問題。而且東莞台商們的第二代也陸續開始接手，甚至有部分已在東莞開始置產買房，定居東莞。

有趣的是，東莞台商大多很團結，就連買房這件事，台商太太們都會相約看樓盤。原來這裡連樓盤都流行用團購的方式進行，且東莞的經濟進步迅速，一些好的建設公司推出的建案幾乎都供不應求。像是知名建商「萬科地產」也進駐東莞蓋新型住宅，其中就有位於松山湖「東莞八景之首——松湖煙雨」的別墅型住宅，聽說「萬科」開新樓盤時，除不先付訂金就無法看屋外，且開盤幾乎都是用搶購的方式，晚了還買不到了呢！王總就說到某天她們相約去看某處的樓盤，建案早上才開盤，中午去看房不過晚了幾小時，樓盤卻已經銷售一空，不難想見台商在東莞經濟上的多年努力，現在已嚐到最美的果實。

生活碎片

創業花絮

低廉的創業成本，相似的氣候條件和飲食習慣，是選擇東莞的原因

　　王總原本在台灣的工廠即是以花邊、蕾絲等布品原料的製造為主軸，用以供應紡織成衣業或是當時（1960-1970年代）興盛的一些歐風娃娃的製作產業。但是到了1993年前後，台灣本土的紡織工廠開始陸陸續續遷移至大陸，也因為當時台灣的產業開始面臨轉型，漸漸朝向電子高科技產業與服務業的方面發展，人力工資高漲，因而形成傳統製造業的無力。除了最重要的人力成本問題，再來則是原本的下游廠商皆已紛紛開始遷移至大陸，再這樣下去，近乎不敷成本，企業將會變得無法生存、更遑論獲利。漸漸的，這種傳統的製造產業已經不適合在台灣生存，所以當時形成了一波傳統產業工廠遷移至大陸的風潮。另一方面，對於健泰花邊針織有限公司來說，眼看與自己長期合作多年的客戶大多數都開始遷廠了，為了能繼續延續以往的合作關係，健泰花邊針織有限公司的工廠遷移勢在必行。

　　其實王總一開始也有想過遷往其他東南亞國家，像是「越南」、「馬來西亞」等等，因為當時像是原本一些傳統建材產業例如：「磁磚」、「大理石」等等，許多都是設廠在越南，「成衣」、「鞋類」許多企業也

設廠在「泰國」，但是相較之下，東南亞的人口沒有大陸多，再來人工成本也比東莞高，所以最後還是選擇了在東莞投資。

而且，王總認為一個企業想要成功，最重要的是「用心」，人與人之間的互動。其中不但包含了與客戶的交心溝通，就連與管理層面的互動也不可少。以溝通與互動來說，假如語言不通暢就是個很大的問題。雖然大陸的省份眾多，各地的方言也不盡相同，但是在大陸，絕大多數的人口還是能說普通話，以語言來說，溝通上沒有任何障礙，在人與人的互動上來說，自然就能發揮「用心」的溝通。且大陸較之東南亞，生活習慣及飲食文化也與台灣更相近，再加上東莞的土地面積大、人力的成本也相對低廉的多，在全方位的考量之下，就決定前往大陸的東莞市設廠投資了。

原來，台商才是真正的幕後英雄！以後，見到某些熟識的著名品牌，我們都會多了種親切吧，其中有台商的功勞。

創業花絮

愛拚人生

自創品牌　逆襲轉型

　　當問到王總健泰花邊針織有限公司在近年大境下遇到的問題，她語重心長的說：「因為早期生活比較困苦，相對的那時的員工大多比較負責勤奮，公司整體的向心力也就比較好，這當然也跟當時東莞的生活環境有著非常大的關係」。

不同的年代，不同的人，不同的耐勞精神

　　因為當時生活不易，早期的當下大家都只想努力賺錢，只求有個穩定的工作可以溫飽家人，就好比是早期的台灣，當時大家都勤奮，肯努力肯付出，當然也就創造了當時台灣的「經濟奇蹟」。不像現在90後的員工，因為生活的環境相較以往好上許多，對於薪資跟工作環境就時常會作比較，員工的流動率較高，向心力也不像以前那樣的凝聚。以前只要在工廠門口貼上招募需求，幾乎是整個鎮上一半的人都前來搶著要應徵，排隊的人龍幾乎都要把工廠大門給擠爆了。但是這幾年這樣的光景已不復存在，

企業找不到穩定的好人才，好的人才大多待不住，都去北京、上海求職，或是年輕的員工大多都是應付了事的工作態度，也有點灰心。

　　且因為以前的農村時代，相對來說物價也便宜，但當整個東莞經濟迅速起飛之後，物價消費也就跟著水漲船高，當然，也就直接的影響到了生產成本。接著第二代開始接手後，王總就希望公司的走向，不僅止於與世界知名內衣名牌「維多利亞的秘密」或「黛安芬」合作布品原料的供應商，更希望能擁有屬於自己的內衣品牌。所以這幾年的健泰花邊針織有限公司除了開始繼續提供婚紗布料供應全世界最大的婚紗禮服公司外，另一方面也開始利用自家生產高品質布品原料的優勢，用自家的布料做自創品牌女性內衣。

轉型升級大浪潮中，王玉珠也在探尋公司的轉型之路

　　懷著這樣的願景，健泰花邊針織有限公司由一個專門生產花邊針織布品原料的上游工廠，轉變而成以自家生產布品原料設計自創品牌內衣的零售商，並開始瞄準大陸女性內衣市場，引進台灣與歐美地區的內衣設計師，推出名為「潘朵拉」的自創內衣品牌。一開始「潘朵拉」為了打響在大陸的知名度，開放以加盟的方式展店。但因為整個大陸地區太廣，要穩紮穩打必須慢慢從區域性佈局，這樣品牌的效應才會良好擴散。所以初期選擇在珠江三角各地與東北三省開始發芽，藉由好口碑、好品質、好設計的三好之下，陸續在大陸開始有了知名度。

　　潘朵拉系列的內衣目前知名的有：「時尚典雅內衣」、「會呼吸的內衣」、「媚惑內衣」等系列。其中知名度最高的是「會呼吸的內衣一竹炭

奈米系列」，因為製作成本高，售價約600元人民幣上下，這個系列主要強調「舒適」與「集中」，即是說在設計與美觀兼具的前提之下，功能也非常的優良及實用。

總結經驗，吸取教訓，創立「潘朵拉」品牌，成功轉型

健泰花邊針織有限公司一開始的設計是參考台灣的熱賣款式例如：「華歌爾」、「曼黛瑪蓮」等品牌的板型，但孰料台灣這樣的設計在大陸市場的接受度卻不高！原因就在於台灣女性選擇內衣多以舒適性為優先需求，而大陸的女性要的卻是集中與功能性的設計概念。就像是西方的「卡文克萊」內衣，完全是依照西方女性的胸型與比例而製作，套用於東方女性身上當然不適合。因為台灣與大陸兩地的流行與喜好還是有不小的差距，就像是氣候、習慣都不盡相同，僅大陸的東北地區與南方兩地的女性身材就有不小的差別，所以「潘朵拉」後續推出的款式在設計上開始試著結合兩岸的設計與喜好。

「潘朵拉」吸取了很多市場需求的經驗後，總結了許多市場差異，運用自家擁有的台灣與歐洲設計團隊這個優勢，結合台灣的潮流與大陸本身的消費習慣與喜好，終於設計出大陸女性接受度高並且喜愛的內衣款式。

為做得更好，他們甚至還對大陸各個區域進行調查，對於整個大陸市場的女性做了研究，並在大陸各個城市舉辦及參加「台灣名品博覽會」，也因為這些勤奮與努力，而取得了良好的效果以及日益提昇的好口碑。∎

PART —— 4

近鄉
時光

——

台灣博主在東莞
一段迷失在地圖上的近鄉時光
一段拿來記憶的旅行
……
那些真實的
美好的
激動的心情
……
留著慢慢細訴

味蕾中的鄉情

文/芸芸

軟嫩鹹香的菜圃蛋、香氣迷人的三杯雞、滿是魷魚香的客家小炒、酸溜溜的薑絲炒大腸、下飯的豆豉蚵仔、鹽酥雞等道地的台灣味⋯⋯一道道傳統的台灣小吃，撫慰了多少台商思鄉的情緒！在異鄉的台灣之子，能夠在東莞找到跟台灣如此接近的美食，這在大陸其他城市應該沒那麼容易吧？

在這裡，可以盡情地忘卻在異鄉打拚的辛苦、想念台灣的思緒，就暫時把東莞當做台灣吧！

味蕾中的鄉情

東莞，是台商西進大陸早期的重要據點之一。

長期在大陸生活的台灣人難免會想念故鄉味，隨著台商人數的增加，東莞陸續出現了台灣小吃、台灣料理，以解台灣人在大陸的思鄉之愁。最具代表性的，就是聚集了台灣小吃、台灣餐廳、台灣超市、台灣飲料店、台灣咖啡廳的「厚街」。

東莞的台商們從四面八方聚集到厚街來，無非是想透過熟悉故鄉美食，來舒緩一下異鄉工作的壓力，順道回味久違的故鄉味。就讓我們來瞧瞧厚街到底有多台灣吧！

在厚街的台灣生活超市裡，可以買到各式各樣的台灣食品、零食、飲料、調味料、生活必需品等，讓在東莞生活的朋友們與台灣的食品無縫接軌，不用回台灣，就能吃到懷念的滋味，也讓本土的東莞人不用遠道而行就可以品嘗台灣美味！

我們在店內看到常喝的飲料與零食，想不起是人在東莞，隨手拿一些結賬。嗯！連我們都如此了，何況是長年旅居在外的台商朋友們呢？想買台灣的生活用品、零食等，來一趟厚街準沒錯！

台灣生活超市

嘿！你看嘉義火雞肉飯呢！

一道道傳統的台灣小吃，撫慰了多少台商思鄉的情緒！我們坐在店裡，耳邊聽著熟悉的口音、吃著熟悉的台灣小吃，一晃神以為自己回到了台灣。

　　據說生活在厚街鎮的台灣朋友們，以中部及南部占較大多數，中南部的美食小吃當然是厚街的主力囉！嘉義火雞肉飯，是歹丸囝仔（台灣孩子）難忘的美味……那滿是雞油的飯香、入味又彈牙的火雞肉，淋上些許特調的醬汁，就是吃多少次都不膩的好滋味。

　　除了招牌的嘉義火雞肉飯外，還有台灣小吃店常見的大腸豬血湯、苦瓜排骨湯、香菇肉羹湯等湯品，湯品煮得道地，很有台灣味。各色各樣的小菜也不能少，舉凡台灣人愛吃的烤香腸、肝連、豬舌頭、白菜滷等，在厚街的嘉義火雞肉飯館裡都找得到。光吃小吃不過癮？嘉義火雞肉飯還提供了台式熱炒。軟嫩鹹香的菜圃蛋、香氣迷人的三杯雞、滿是魷魚香的客家小炒、酸溜溜的薑絲炒大腸、下飯的豆豉蚵仔、鹽酥雞等道地的台灣味……難怪嘉義火雞肉飯的生意這麼好！套用一句流行語：「姐吃的不是嘉義火雞肉飯，是故鄉的滋味！」在異鄉的台灣之子，能夠在東莞找到跟台灣如此接近的美食，這在大陸其他城市應該沒那麼容易吧？在這裡，可以盡情地忘卻在異鄉打拚的辛苦、想念台灣的思緒，就把東莞當做台灣吧！

來自豐原的道地台灣味.

沒想到在東莞也吃得到！

台灣人從小吃到大的

味蕾中的鄉情

　　滿庭香是家位於老華潤商場旁的12年老店，來自豐原的道地台灣味。二代少東笑說，店裡的商品都是來自台灣中部的母親製作研發，店內的所有小吃，完全就是台灣中部地區的口味！雖然說是排骨酥專賣店，但其實店內還販售了不少台灣的小吃，如肉圓、筒仔米糕、肉燥飯、貢丸麵、草仔粿等，賣的都是台灣常見的路邊小食。

　　豐原的排骨酥在台灣可是大大有名，沒想到在東莞也吃得到！排骨酥炸過再煮，排骨的香甜滋味融化在湯裡，加上柔軟好入口的淺黃色油麵，一碗就可以吃很飽！而肉圓上的白色醬汁正是中部肉圓的特色，外皮Q彈、內餡飽滿，豬肉鮮香、筍子甜脆，吃一個不過癮、吃兩個剛剛好！筒仔米糕也算是台灣的特色小吃之一，將糯米炒香炒熟後放入小圓筒蒸熟，嚐起來是既香又軟又彈牙……滿庭香店內賣的傳統小吃，都是台灣人從小吃到大的好味道。

台灣豐原的排骨酥可是大大有名哦!

好味·道

Susan's Kitchen

雖然是來自台灣的老媽，但老媽私房菜有個很洋派的店名——Susan's Kitchen，原來老媽私房菜的洋客人不少，約占來客數的30%，都是東莞外商慕名而來，專程來吃台灣料理的。店內的老媽的洋名叫Susan，就乾脆幫老媽私房菜也取個英文名字，直接就叫Susan's Kitchen啦！

這位來自台灣的蘇珊老媽，手藝可是一點都不含糊，第一道端上桌的拿白切肉（問）醬油（「問」，是台語的「沾」，白切肉沾醬油之意），就讓我們大讚美味。肥瘦均勻的豬五花切厚厚的一片，蘸點鹹香的醬油與少許薑絲一同入口，豬肉厚實有嚼勁，在嘴裡擴散的滋味是又鮮、又甜，果然是實在在的好味道，也是台灣老媽的正宗味道！

台灣媽媽的私房菜，在老媽私房菜裡都吃得到！如簡單又可口的蔥爆豬肝，是台灣媽媽們常做的家常菜；清爽的薑絲下水湯（即雞心、雞肝、雞腸、雞胗等佐薑絲煮的清湯，也就是雞雜湯）也是在台灣家庭常出現的

美味湯品。來一趟老媽私房菜，果然就像回到自己家，吃到媽媽親手燒的菜，充滿了媽媽的味道啊！難怪在地的台商強力推薦老媽

來自台灣的蘇珊老媽，用地道的台灣私房菜，親切的響音，慰藉着在莞及到莞台灣遊子的思鄉之情！

味蕾中的鄉情

我們此行因為食物而與可愛的老媽Susan結緣，Susan老媽直說回台北要找我們一起吃飯。果然，咱們台灣人的人情味，即使不在台灣也一樣存在著！Susan老媽，我們等妳回台灣喔！

私房菜。切記，用餐時段老媽私房菜一位難求，生意好得不得了，一定要提早訂位喔！

在老媽私房菜裡，一面吃著道地台灣老媽燒的台灣料理、一面跟店內熱情的台灣蘇珊老媽有一搭沒一搭的閒聊著，像是跟自己家裡的老媽吃著飯一樣，一點都不覺得有在異鄉的感覺啊！

在東莞吃到「如此台灣」的台灣料理，不禁想起我那在BK為工作奮鬥打拚的大姐，每回台灣一次就發現她更瘦一圈，原本胖嘟嘟的身材，明顯的越來越苗條。問大姐怎麼這麼厲害，可以減肥減得這麼順利？大姐無奈地說：「在BK吃不到台灣味啊！沒有道地的台灣料理、也沒有道地的台灣小吃，北方菜就是吃不慣。就算不想刻意減肥，也會越來越瘦啊！」嗯，我想如果我大姐的工作是在東莞的話，肯定依舊維持著胖嘟嘟的身材，因為東莞的食物實在是太台灣了！要小吃有小吃、要家常菜有家常菜、要宴客菜有宴客菜，而且味道跟台灣是一模一樣，肯定不會吃不慣的呀！

在老媽私房菜裡，一面吃著道地台灣老媽燒的台灣料理、一面跟店內熱情的台灣蘇珊老媽有一搭沒一搭的閒聊著，像是跟自己家裡的老媽吃著飯一樣，一點都不覺得有在異鄉的感覺啊！

我們不禁驚嘆：

東莞，有台灣老媽！

可別誤以為「厚街」是一條街，「厚街」其實是「厚街鎮」，
足足有半個台北市那麼大呢！

厚街．滿目皆台灣

走在厚街鎮上，很容易看到台灣來的品牌。我們在街上散
步短短的一小段距離，就看見台中阿文木瓜牛奶、古高雄木瓜
牛奶等兩家台灣的木瓜牛奶（但其實老實說，我不記得台中
有出產木瓜耶，哈！）；再拐個彎，又瞧見了休閒小站、舞茶
道等台灣知名的手搖泡沫紅茶店，果然是有台灣人的地方就有
手搖杯！還有台灣人相當熟悉的永和大王、永和豆漿，以及位
於台北鬧區的上島咖啡在厚街也看得到，甚至充滿台味的檳榔
攤，在厚街也找得到喔！

嗯，厚街，果然如傳說中的，很台灣！

穿越
回台灣的街頭巷尾

好呷位於東莞市區內（並不是在很台灣的厚街喔！），同一排的建築裡也有不少台灣影子的餐廳喔！好呷除了台灣街頭巷尾都吃得到的小吃──牛肉麵、排骨飯、滷肉飯、担仔米粉、涼麵外，也提供宴客包廂與台灣的功夫茶，是一個人吃飯沒問題、商務宴客也體面的好餐廳！

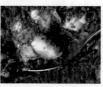

涼筍沙拉、滷竹筍、涼拌茄子、素雞等台灣開胃小菜，清脆爽口的生菜蝦鬆、滷得肥軟透亮的梅干扣肉、下飯的豆酥鮮蚵等，完整地複製了台灣味，令人欽佩。

如果說厚街「老媽私房菜」是懷念的台灣家常料理、媽媽的味道，那好呷就是台灣熟悉的小吃、餐廳的口味！風格雖然完全不一樣，但都是令台商們念念不忘的台灣味！

走進好呷，彷彿回到了台灣一樣，從店名「好呷」（台語「好吃」之意）開始，就像是穿越了任意門一般，直接回到了台灣！　放眼望去，門口小菜櫃內的小菜、店內的裝潢、老闆娘招呼親切的口音，無一不台灣！

經過一、二樓的散客用餐區，我們來到了頂樓的包廂宴客廳。一坐下來看到滿桌的台灣小菜，大家忍不住伸出筷子搶食。

好呷的王姐說：「我們自己都很挑食，當然會堅持住台灣的味道囉！味道不對，我們是不讓廚師過關的！」小吃類的炒米粉炒得入味又乾爽，好大一碗的滷肉飯香氣四溢、吃滷蛋的時候還不忘把蛋黃拌進飯裡一起吃，才是正港的台灣吃法！麵香肉甜的牛肉捲餅、酥脆的鍋貼等台灣美食，做得更是樣樣道地！跟老媽私房菜一樣，屬於非訂位不可的餐廳喔！

大麥客裡的童年味道

在東莞的大麥客類似台灣的COSTCO，旨在協助東莞台商轉型升級，推廣台資企業品牌，開拓內銷市場的大賣場。其中台灣進口的產品占25%、台資企業產品占50%，其他占25%。來自東莞以及台灣本土的「台商製造」將經由「工廠到賣場」渠道直接到達消費者終端，從而賺取比以前更讓廠商驚喜的利潤。

大麥客的貨品來源主要是與知名品牌的代工廠（台商的製造廠）洽談，直接由工廠販售到賣場，讓消費者能在大麥客以較低的價格，買到跟名牌一樣好品質的產品。不僅如此，裡頭還賣很多台灣的日用品跟商品，是台灣人在東莞的好朋友！同樣也方便了東莞當地居民或外商，成為大麥客的常客！

大麥客設立了台灣進口專區，販售著台灣品牌的醬油、調味料、罐頭，甚至連台灣零食與泡麵都有！我想，在我們這群台灣人看「X肉燥麵」、「蝦X先」、「X海鱈魚香絲」而興奮尖叫時，大陸朋友們可能有被驚嚇到。「X肉燥麵」、「X肉燥米粉」是陪伴台灣人長大的速食麵，在所有台灣人的心目中，有著絕對不可動搖的地位。「蝦X先」、「X海鱈魚香絲」則是每一家便利商店、超市都買得到的零嘴，看電影、烤肉、聚會，可不能少了它們！

一起同行大陸的朋友，在我們一群台灣人七嘴八舌的推薦下，推了一大車的台灣食品去結賬，我們得意地笑了！相信大陸的朋友們也會喜歡咱台灣的食品的！■

味蕾中的鄉情

問起台灣博主，兩次東莞行最喜歡東莞哪個景點？七個人異口同聲地回答：「下壩坊」。

瑪格對她的形容是：「這真是太性感了！是性感的嶺南水鄉文化老屋聚落來著。」

下壩坊是廣東省歷史文化名村，珠三角地區嶺南水鄉文化保存較為完整的村落之一。下壩坊完整保留了清末至二十世紀八十年代初期的建築風貌與文化印記，整個下壩村就是東莞嶺南水鄉村落的天然博物館。富有嶺南水鄉特色的文化氛圍結合了現代創意文化後，吸引了各地文化人士匯聚於此，也是一個集創意、設計、休閒、藝術於一體的生活街區，被譽為東莞市的「嶺南水鄉文化泛博物館」。這個被稱為東莞「798」、東莞「田子坊」、東莞「鼓浪嶼」的小村，卻讓AIKO想起了台北的寶藏巖，又或是台南那些以老宅改造而成的風格小店。

仔細想想，這也不奇怪，東莞從最傳統的農業文明跳躍到高度密集的工業文明的歷程，其實與台灣很像——都是「突如其來的工業化」，而這樣的突變反而對古宅的傳世是最有利的，老宅還來不及被替代、被厭棄，就已經昇華成了鋼筋水泥森林中的稀世珍寶。

老宅裡的笑意風華

文/AIKO

　夜裡，點點的燈火，照亮了這個老宅聚落。

　　南城、萬江交界處的壩頭社區，整個社區貫穿了東莞幾個主要的道路。但下壩坊卻像個被繁華都市給遺忘的一段記憶。榕樹就像老時光一般緩緩的拖著長鬚、小河不吵不鬧安安靜靜的與喧囂的街道錯身而過、紅瓦片鋪成的屋頂結上了片片的苔青、左轉右拐的巷弄裡撒開了吵雜的聲響玩起了捉迷藏、鐵花門木窗櫺似乎都停留在原本的那個剎那。時間，彷彿就停止在有著運河的磚牆紅瓦嶺南水鄉，靜止在這最好的時光。

到訪東莞的每一天，我們都成了幸福得不得了的吃貨。

迎著徐徐晚風，大伙坐在矮凳小桌上，吃著魚蛋、蘿蔔牛雜、雞蛋仔、缽仔糕、酸蘿蔔、滷水雞翅、竹蔗茅根水、麻辣燙、烤生蠔、山水豆腐花、南乳花生，再配上幾杯小酒小酌一番。文青吃貨豐儉由人，滿足了味蕾的渴望，也多了些小清新時光，讓原本沒落的古聚落得以再起風華。

桃花源般的驚喜

　　到訪東莞的每一天，我們都成了幸福得不得了的吃貨。這天白日在橋頭荷花節玩得開心，午後的艷陽雖引人懶散卻很歡樂，接著吃了到東莞不能少的當季飽滿荔枝龍眼，立馬又在錦香園吃了滿滿的農家菜，晚餐正式成為壓死駱駝的最後一根稻草。吃太飽，血糖急遽上升的缺點，就是讓人昏昏欲睡。看著小巴往南城的方向前進，原本以為是要回飯店，讓我們幸福得奮力倒頭一睡。但走著走著，就連小巴師傅都迷了路，我們才知道，接下來，我們是要去看看東莞的夜！

　　眼看著光是橫跨著河道設置的壩頭橋，師傅就來回開了好幾次，最後只好停在一個加油站裡邊問路。嘴裡還振振有詞地說著：「那地方沒什麼

好去的，就一條河看看夜景，甭去了吧。」那時我的心裡也想著：「好想睡啊，河邊夜景能有多美？」不料沒幾分鐘師父問到了路，「不就是拐個彎轉到一個坡道前就到了？！」師傅指著前方說著「下壩坊」就在那兒。

　　師傅的車就在那個坡道前放下我們後便不再前進，老聚落兩旁幾乎無農家燈火，只有幾盞昏黃的路燈。「走過那個坡就到了。」我還對師傅的話頗有疑慮，兩旁昏昏暗暗的，也只有兩三個形單影隻的人，過了坡真的有好地方存在？我意興闌珊的低著頭看著自己的腳步一步一步地踏上坡道，孰料，到頂後真的看到了剛剛被坡道遮住的火光。好多好多不同大小的招牌，把我的瞌睡蟲趕了出去，精神也為之一振。就連小巴師傅都不斷迷失，我們也在黑暗中摸索才看見的燈火，就像是晉代陶淵明所寫，世俗的漁人猛然闖入了桃花源般的小驚喜。

　　原本老舊的壩頭社區，被一些設計師、藝術家的獨到慧眼賞識，搖身一變，成為了重現的美好風景。
　　一個就連小巴司機都會迷路的地方，到底有多美？

　　「下壩坊」讓我們想起了台北的「寶藏巖」，一樣是隱身喧囂城中的靜謐老聚落，古老的矮房子，因久無人居而漸漸沒落，卻在設計師與藝術家的進駐後注入了新想法，用老宅來化身新風光，多了美好小清新。

　　「下壩坊」，有人說它是東莞的「鼓浪嶼」、東莞的「田子坊」，或是東莞的「798」。我沒去田子坊與798，但說下壩坊像廈門鼓浪嶼的話，我個人倒是感覺它更像廈門的曾厝垵。曾厝垵與下壩坊都是個古村落，只是一個為沿海漁村，一個是水鄉聚落；一個多是僑民的南洋風格番仔樓，一個多為青磚紅瓦的嶺南建築，但共通點都是一原本不過是個老宅聚落。這樣的做法，讓我想起了台北的「寶藏巖」，一樣是隱身喧囂城中的靜謐老聚落，古老的矮房子，因久無人居而漸漸沒落，卻在設計師與藝術家的進駐後注入了新想法，用老宅來化身新風光，多了美好小清新。

　　一進入下壩坊，才剛擺脫了昏暗，一抬頭就有滿滿的各種明亮迎接著我們！映入眼簾的是各種不同大小、各種外型的特色招牌，光只是看著招牌，都夠引人入勝。下壩坊看似不大，但卻是錯綜複雜。每個看起來不起眼，就算是僅供一人通過的小弄中，其實都別有洞天。在這，絕對值得耗上一整天發呆、甚至花上幾日來深訪。反正進到下壩坊，時間也變得緩慢，我們可以慢慢來。像我們一樣首次前往的朋友，其實對位於路旁的幾間店鋪應該都最為印象深刻，畢竟不用左巷右弄地捉迷藏，一眼就能看得真切。

素年錦時的小悸動

面寬矮房大庭院，是我對「拾柒」第一眼的印象。漂亮清新的白磚牆載著鏤空的十字紋，配上一旁呈方的精巧小花塘非常優雅。穿過庭院，才在可園看到的套色玻璃卻也在此呈現，在東方莊園中喝上一瓶德國啤酒，相映成趣。

位於詹氏宗祠旁，外觀特殊、插著五星紅旗，似乎還嗅得出文革時期味道的舊大隊部，前身還是個幼兒園，現今卻搖身一變成為擁有田園色系與藍色大門的「薔薇之光」。它既是清吧、卻也是個小文藝設計工作室。

而一間店名為「遇見」的兩樓高小舖，外觀採用清爽的白底藍框地中海色系風格，純淨的白牆卻爬上了幾絲綠意，這樣的配色似乎在亞洲都不會寂寞。門口還有投影機不斷地變換位置投出店名「遇見」二字。你又會在哪碰上遇見？

又或是只要遠望馬上就能引人注目的「38號矮房子—藏吧」。矮房子前用粗曠的木柱做出了門框，上面吊掛著鮮艷的五色經幡，穿過小院一抬頭即見祥麟法輪，往下一望又有整排的轉經輪……西藏一直是我的夢想之地，總為那純淨的天空與多彩的色系而沉迷。而38號矮房子就是這麼一個引人入勝的所在，令人魂縈夢牽。

　　被歌聲給吸引，我們注意到的小店「菩提灣」，這間寬面的兩層樓矮房被手工感濃厚的木隔柵包裹在內，粗曠的大石鋪底成了小石橋，將漂亮的荷花池一分為二。池裡的小魚樂悠遊，引得許多孩童在石橋上看小魚看得出神。當天「菩提灣」裡正有人演唱著齊秦的《夜夜夜夜》，讓我心生嚮往，就想這麼個飛奔進去聽個過癮。

　　「施蘭貝格」則是在一片東方風格感濃厚的矮房中，透出異域風情的新秀建築。咖啡色磚配上帶著格飾的白窗，夜裡打上了燈，整個建築竟然化身成土耳其藍似的色系，異國感更加濃厚，也令人驚艷。

　　走到最內以為已經沒有店家時，卻因為美妙樂曲而發現了純白法式小店「Dejavu Café」，店名是法文「似曾相識」之意，頗為浪漫。夜裡閃著燈光的大型小熊裝飾，配著六開窗，純白的玻璃屋建築怎麼能讓女孩們不心醉？這間隱身在下壩坊的咖啡店可不一般，店長可是2010中國咖啡大賽的冠軍，景美味也佳，可謂極品。

下壩坊夜裡的燈火一點亮，每間店都像擺脫了白日平凡慵懶的外貌，換上了精緻的妝容，搖身一變成了更韻味十足的美人。

　　當然，除了各式老宅風格小店外，街邊也有雜貨店與小吃攤販。因為許多風格店鋪都是清吧並無餐點，所以天氣雖然悶熱，許多吃貨坐在檔邊用餐飽肚也開心。或許小攤氛圍些許破壞了下壩坊的小清新，但也多了一種對比的現實感。

　　巷中的小窗小門都很美，每個小巷都是一個新冒險！街底則有更多不同的風格小店，初訪當然逛也逛不完，每間都有不同個性，對熱愛老東西的我來說，這些讓老宅重現風華的地方，都讓我愛不釋手，不忍就此離去。

　　每個老屋都有著不同的外型與格局，也造就了下壩村迥異的千姿百態。人人心中都有著一個烏托邦，歲月如流水般的樸實而過，卻偶有一些能飄進心中的小悸動。在以廠辦居多的東莞城中，下壩坊就像是一個遠離塵囂，歲月靜好的烏托邦！

屬於下壩坊的那些記憶

　　一進到下壩坊，帶頭的人群刻意避開了位在街旁的明顯建築，而選擇了需要穿過詹氏宗祠旁的小巷後才能找著的地方，當作是我們這天的暫歇據點。那裡有著大大的榕樹，樹上吊了許多古樸的鳥籠燈，卻一點也沒有違和感，就像是渾然天成，原來就存在於那處的好風光。而榕樹長長的鬚根上架起了格型的棚架，不是用來栽瓜種果，卻是掛上了溫暖色澤的燈泡，榕樹下則成了戶外吧台區，一旁的圓形燈箱透出昏黃的光暈，隱約見到招牌上寫著：「那些記憶 Memory」，讓人印象深刻。

　　邀請單位帶著我們拐進詹氏宗祠旁不大的小弄中，心裡還在想到底要去哪兒的時候，穿過巷弄一抬頭卻別有洞天，可謂柳暗花明又一村。「那些記憶」的占地非常大，從巷弄直入，就先看到一個不小的腹地，接著則是稍稍用磚塊堆疊砌起小牆的咖啡庭園區。乍看之下，跟日前去過的嶺南園林代表－可園中那個以青磚疊起四面扶手側有小梯的「滋樹台」非常類似，只是青磚換成了紅磚，而一個是置放植物以供人們觀賞減壓的地方，這就是匿藏我們這些想逃離喧囂城市的小清新逃犯的好去處，也讓我的嘴角掛起了一絲微笑。

穿過巷弄一抬頭，卻別有洞天，真是柳暗花明又一村。這就是匿藏我們這些想逃離喧囂城市的小清新逃犯的好去處！

夜晚的庭院中，聞得到咖啡香與帶著酒精濃度的氣息，高掛的月兒看來慵懶，三色花貓也被空氣中的慵懶因子給傳染，懶洋洋地躺臥在一角的搖椅邊上。兩個小男孩早已占領搖椅，邊擺盪著邊笑得開懷，不知道在說些什麼小秘密？一角沿地置放的木舟已褪去了水裡行舟的芳華，早已無人行駛，卻承載著那些記憶的招牌，帶著我們航向那段你最想念的時光。老宅紅磚砌起的外牆鑲著咖啡色系的老木窗，二樓則是舒適的露台空間，扶手圍滿了花樣般的水泥花磚，夜裡點上了燈火，就像點亮了舊時光，通透得像是不存在於這空間裡的記憶，卻閃閃發光。

一角沿地置放的木舟，承載著那些記憶，帶著我們航向那段你最想念的時光。你還記得是置身在工商業繁茂發達的東莞嗎？

原來，這裡不僅有戶外咖啡座區，也有老宅改造的清吧區。終於，我們願意放開那些閃閃發亮的誘惑，進入了「那些記憶」中。正夏的夜依舊帶著悶悶的氣息，終於可以吹吹冷氣，好讓悶熱散去……走進室內，與印象中的老宅相仿，單層面積不算太大，卻是盡力地往上伸展。一樓盤據了吊滿杯具的大大吧台，木製的大書櫃後方有些許帶著異國情調的座位區，三五好友正在那開心談笑著。穿過談笑的人群拉開了後方的木門，有著貼著半腰高的方塊磚、懷舊的半弧木製鏡面、下方則是放著石製面盆的古樸木櫃，再配上了銅色仿舊的竹樣龍頭。「啊，就連洗手間都那麼有記憶度。」我心裡不禁默默地想著。

稍事梳洗，將身上的汗珠拭去後，我們沿著刷白的紅磚牆、扶著老木扶手、踩著水泥製卻稍帶陡峭的梯前往二樓。二樓的每區座位都各自為政，卻也都各自精彩。每一小區都有著自己不同的角落風格，雖

然混搭卻不雜亂。有以藍染布料為頂篷的小區，素淨的沙發上卻放著刺繡的抱枕，更加多彩。也有窗邊搖曳著小碎花窗紗的，古味十足的老藤椅配上花布抱枕座墊及桌巾，十足小鄉村。還有純淨的白布沙發配上民族風強烈的刺繡抱枕與桌巾，合成一幅小清新。更有將小房間改成整個像榻榻米的臥榻區，一個老木桌在中，四周散亂著幾個圓形刺繡抱枕，邊上的藍木櫃配上白牆，老床頭改為扶手，光看就想廣邀幾個好友一同在上面自在談笑。而不同空間裡時而有著像是上海租界般的懷古玻璃吊燈，時而則是像是逐水草而居遊牧民族的串珠壁燈，又或是一盞青花瓷色的桌燈點亮各個空間，牆角的舊木箱、老斗櫃、鐵皮風扇都如此耐人尋味。

這裡，讓我想起了台北的寶藏巖，以及台南那些以老宅改造而成的風格小店。除了室內風華，當然也不能錯過二樓的半戶外區。一半的露台區搭起了木棚及玻璃頂，化身為半開放式包廂，就算飄雨也能優雅安坐。而剩餘的露台空間則原封不動的保留給過客們，當作休憩喫煙的小空間。沿著水泥窗花做成的圍欄上，釘上了整排老木片化身成了桌面，再放上幾張舊木凳，聰明的新思維造就了景緻絕佳的空中吧台空間。放眼望去，漂亮的老椅子、綻放美好光影的小立

靜若處子，動如脫兔，東莞工廠裏機器的轉輪與這兒時間的靜謐，相得益彰得讓人心醉神迷！

燈、一樓靜置的小舟、擺著搖椅帶著微笑的孩童們，靜靜的構成一幅景色絕佳的小時光！

最美好的時光，在路上

華燈初上，夜裡的下壩村正盛開。東莞的老村搖身一變，成了風情萬種的特色酒吧區。古老的窗櫺幻化成最美的裝飾，也能來個內地大探索，轉著經輪、喝杯酥油茶、不必練身體、不用入藏証，就能享有藏族風情。週六的夜晚，現場演唱的歌聲，在耳中怎麼聽都美妙。盛夏的夜晚依舊很熱，這樣的熱情讓店家連電力都破表。但就算跳電，點著蠟燭也有一番滋味。這，就是旅行的意義，也是我愛上旅行的原因。

因為妳永遠不知道下一刻會有怎樣的驚喜。

藏吧店主人說：「如果沒有信仰，就把旅行當做一種信仰吧！而那一段段的人生旅程，如同朝聖的路，需要我們虔誠、堅定地前行。」我非常喜歡這段話，我也在朝著店主人的目標前進中。我想去的總是在遠方，像是雲南、內蒙古、新疆、西藏以及尼泊爾、印度、土耳其等充滿神秘色彩的東方文化總是很吸引我。但在矮房子的這個午後，除了讓我知道最美的聲音就是寧靜之外，也讓我想起並不是只有在遠方，才遇得到好風景。很多時候眾里尋他千百度，驀然回首，卻在燈火闌珊處。

最美好的時光，在路上。■

與黑暗不假思索的來場遇見

一轉身，推開厚重的老木門，米色的線簾朝兩邊束起，微微垂下的圓弧像是一抹微笑的弧度，有種迎接我們入內玩耍翻滾的歡樂氛圍。老宅果然發揮空間十足，宜動宜靜，皆美。

享樂時光正式啟動！那華燈初上的時刻，杯與杯輕碰的清脆聲響，揭開了這晚的微醺序幕。其實，在生活中，這樣不急不徐、慢條斯理地喝口冒著白色氣泡的黑啤酒，感受舌尖上大量泡沫的愉悅彈跳，就能滿足五感，讓生活更加豐盈！

倏地，咻的一聲，燈光與冷氣以及音樂聲響都頓然抽身，歡樂的氛圍突然陷入了一陣黑暗之中。大伙趕緊往外一探，原來不只我們陷入了黑暗，竟然是整個村落都跳了電，整個下壩村就這麼的倏地被黑暗籠罩。是啊，村落已經老了，也許早經不起那麼大的電流量與滿滿想探訪歲月之美的人群，所以鬧了脾氣只想休息一下。而這種百年難得一見的妙事卻讓初訪的我們就這樣的遇見了。我不覺得倒楣，卻是新鮮，也是幸運。

頓時想起席慕蓉的《一棵開花的樹》：「如何讓我遇見你，在我最美麗的時刻，為這，我已在佛前求了五百年，求他讓我們結一段塵緣，佛於是把我化作一顆樹，長在你必經的路旁，陽光下慎重地開滿了花，朵朵都是我前世的盼

正當要告別這夜，耳畔響起了《外婆的澎湖灣》，暫態如暖流般感受到了親人的想念與牽掛，柔軟的內心，泛起了層層漣漪……

望。」要想在老村改造的清吧街上，碰上整村大跳電，那也是一場充滿驚喜與緣份的遇見。

霎時，大伙索性在伸手不見五指的黑暗環境中，用手機充當燈火，興奮不已地舉杯暢飲，不知道誰起的點子，我們還在黑暗裡伴隨著笑鬧聲唱了生日快樂歌。唱生日歌時總要關燈，跳電的這一刻，我們就當做是過過生日關起了燈。過了不久，因為少了冷氣，悶熱的夏夜，就連晚風也不夠力，頓感悶熱，大伙決定離開這個難忘的地方。離開時，「那些記憶」前方的庭園腹地，竟然有了小小的現場演唱表演。兩個表演者一個彈一個唱，聽到我們來自台灣，便對著我們唱起潘安邦的《外婆的澎湖灣》、伍佰的《突然的自我》這兩首很純正的台灣歌曲，霎時只覺得跳電的村落圍起了一股耀眼的光暈暖流。那在黑夜裡的冒出的溫暖小火光，至今仍然記憶猶新。

我想，這就是下壩坊帶給我們的一種歲月靜好之歡愉感。在這，我們可以慵懶的對著時光出神、愉快的跳躍在各個閉月羞花的小弄裡、收藏每一個不同的花窗與牆上的溫度。漫無目的卻隨處都有小風景，因為轉角後，總會遇見新美好。於是，我們全都變成心甘情願被下壩坊囚禁的文藝逃兵，罪名卻是逃離喧囂。■

PART ——5

那些回憶

——

當記憶的碎片

在一張張影像中

重新被串起

所望及之處

在回憶裡安靜地燃燒

美好的旅程

是早已融進血液的病毒

請聽

台商月刊小編娓娓道來

然後

醉在記憶裡

夢在紙箋中

那些快樂的時光片段——台灣博主尋根在東莞

文/琳琅

　　在台灣，知道東莞這座城市是因爲台商，東莞也因爲台商製造產業而享譽世界。

　　東莞在變，這裡的台商也在變；東莞正在由製造業名城向創新型城市升級，而台商也正在實現著產業的轉型升級，城市與產業的比翼齊飛，給東莞帶來了新的魅力。

東莞印象

　　2013年7月中旬，在《台商》月刊的策劃下，東莞台辦邀請了來自台灣的七位知名博主來到東莞進行另類「吃、喝、玩、樂」之旅，別出「新」裁，用「台灣」作爲形容詞來描述東莞，讓台灣民眾用最台灣視角了解和認識新東莞，讓具有豐富「台灣元素」的東莞更加深入地進入到台灣民眾的視線中。

七位博主的另類「吃、喝、玩、樂」之旅，別出「新」裁。讓具有豐富「台灣元素」的東莞更加深入地進入到台灣民眾的視線中。

　　文化是城市印象的深度體現，是一座城市的精氣神。台灣文化濃郁的東莞，又會給台灣博主們留下什麼樣的印象？他們親身親歷、所感所聞的新東莞是什麼樣子？

新東莞：讓歷史見證古今

　　歲月如流水，往來成古今。在東莞展覽館、長安鎮成就展覽館、四大名園之一的可園、虎門海戰博物館和威遠炮台，定格了曾經發生在東莞的歷史事件、地方風俗、生活場景、人生瞬間和嶺南特色文化。這些畫面就如歷史窗口，讓參訪的博主們回望到了東莞的時代嬗變、社會面貌和民俗風情，也使東莞近千年來的歷史有了可視性。

　　歷史一直在往前走，從老照片裡的歷史鏡頭、農會活動、莞草編織、老屋古樓、護國戰爭、粵韵風情……到眼前所真實看到的現代化建築，台心醫院、台商大廈、市政府音樂噴泉廣場、玉蘭大劇院……博主們形象感悟到了東莞近千年來的風雨歷程跟滄桑巨變，然而，不變的是東莞的人民

百姓，依然那麼淳樸熱情。不管是東莞台辦安排的歡迎晚宴上最具有特色的東莞土菜，是厚街台灣美食街的嘉義火雞腿飯，還是去到長安鎮、橋頭鎮品嘗到的地道農家菜，亦或是在莞香風情街的浪漫自助西餐和蚝味館的法國生蚝，一道道的美食佳肴，都是東莞人民最熱情的招待。博主們在滿足味蕾的同時，也深深地被當地文化所觸動。

松山湖：一分鐘從「台北」到「高雄」

「松湖烟雨濃妝淡抹，十里花海四季闻香」，這片花紅樹茂、山水相依的生態綠洲，如今是「人才與產業齊聚，科技共山水生輝」。

松山湖自然環境優美，配套設施完善，研發機構薈萃，科技精英雲集，已成爲東莞自主創新的旗幟、轉型升級的先鋒。置身松山湖的優美環境，每一個採訪者都會被深深吸引。在松山湖，來自台灣的客人們都爲盡收眼裡的美景所震動，唯恐錯過，拿起相機不斷定格三寸仙境畫面。然而在松山湖，讓台灣博主團員們最震撼的不是美景佳肴，而是松山湖台灣高科技園裡，所有的馬路名稱都用台灣城市命名！

桃園路、新竹路、高雄路⋯⋯一個個熟悉的地名讓博主們不禁感慨道：「在這裡，從『台北』到『高雄』只要1分鐘！」

一花獨放不是春，百花齊放春滿園。2010年底開園，如今已近三周歲、被稱作松山湖「園中園」的東莞台灣高科技園正不斷深入和加強莞台兩地合作，並已經在生物醫藥技術、IC設計產業中形成了新的突破和格局。

「從台灣高科技園的命名、建設、招商引資的方向，我們可以看到東莞、看到大陸政府對台商和台灣同胞的重視，心裡還蠻感動的。」博主團員們表示。

萬江下壩坊：安逸的時光，鬧騰的停電夜

　　這一次活動，與以往的政府活動都不一樣，東莞台辦很貼心爲台灣小清新們安排了萬江下壩坊風情街的活動。

　　人們或許都知道北京的798、上海的新天地、廈門的鼓浪嶼、深圳的大鵬……却不一定知道東莞的萬江下壩坊！下壩坊，位於東莞萬江區壩頭村，是一個集創意、設計、休閒、藝術於一體的生活街區，有東莞「鼓浪嶼」之稱，但它却比鼓浪嶼更有韵味，少了份濃烈的商業氣息，多了份安逸的特色風味，讓人流連忘返。

　　博主們隨意選擇了一個叫「那些記憶」的小店。在小店的房間裡，坐在榻榻米的粉色墊子上，窩在舒適的沙發裡，紫色的紗幔隨風輕飄，歲月靜好，在忙碌的旅途中，難能好好享受這溫暖而又美好的時光，趁年華未

逝，趁青春未老，趁微風不噪。

　　「天氣很熱，熱情讓店家的電力都破表，就算跳電，點著蠟燭也有一番滋味。」博主團團員AIKO在日誌中寫道。正在大家開心舉起黑啤碰杯的時候，突然間停電了－－如果巧遇某人生日，還以爲是店家的精心杰作呢，只可惜當晚是真的停電了。不過停電也有停電的樂趣，博主們索性拍起手鼓，跟著店家的樂隊一起清唱閩南語歌曲《愛拚才會贏》，在勵志又歡樂的氣氛中，告別「那些回憶」。

　　東莞的行程，歡歌笑語的回憶都印在每個博主的腦海裡、定格在他們的「地盤上」－他們用優美的文字、變換的圖片爲新東莞留下「不一樣的記憶」，從另一個角度見證著東莞的變化和發展。

　　也許是初來乍到時明快愉悅的心情，也許是對老街園林、嶺南特色文化的歷史的推崇，也許是對東莞特色美食的難忘，也許是對東莞風土人情的感動……■

那些曾經的似水流年
——台灣人生活在東莞

文/琳琅

　　結束對第一次走馬觀花的「東莞印象」主題的參訪，台灣博主們也許思緒還在對東莞美食美景的美好印象回憶中流連，2013年9月2日—9月6日，他們又迎來了一次新的東莞之旅。而這一次，他們經歷的，不只是視聽的衝擊，更是一次震撼心靈的旅程。

　　九月細雨綿綿的東莞，天氣宜人，適合喝茶談心。此次所見如葉宏燈、陳金粧、葉春榮、謝慶源、趙維南、張銘真、王玉珠、郭正忠等，都是見識廣博的台商精英。他們見到台灣年輕一輩的博主同鄉，鄉情下無不侃侃而談，不出歷史、現實與未來三題，其儒商風度、見識談吐、真切情誼都給人極深印象。談話中，東莞台商20年多來的風雨歷程一一閃現，而對未來道路之憂鬱與自信，亦蘊含其中。

台商在東莞的悠長歲月

　　從最早一家台商1988年落戶虎門鎮，25年過去，到今天有很多人已是子孫四代都居住在東莞了。「長期在此居住的台商有最少8萬人。」東莞台協輔導會長葉春榮說，「有的甚至連祖宗牌位都搬過來了。我們在東莞有一個完整的生活圈。」葉會長在談起東莞的時候眉飛色舞，說到東莞的改變與經濟的飛騰，自豪的神情言溢於表。

　　是的，這個「完整的生活圈」來之不易。台商在東莞，經過20多年的摸爬滾打，才得到今天這個局面。東莞台商協會秘書長趙維南對這段歷史有親身的經歷、也有較全面的了解。他評價說：「當年，東莞是很多台灣商人在事業上的『第二春』。台灣遭遇了經濟蕭條，正好大陸在改革開放，於是不少台商陸續地進來。許多台商是抱著姑且一試的態度，結果是無心插柳柳成蔭，本來還只是小本生意，現在都是做成幾百人甚至幾千人的大公司了。」

　　爲什麼是東莞？內衣品牌「潘朵拉」總經理王玉珠說：「當時，台灣要轉型升級，朝高科技、服務業發展，已經不太適合製造業。用工多的，漸漸無法生存，只能轉移。因爲已經有台商來到東莞了，我們也跟著來試試。沒有任何回頭路，那些德國進口的機器全部從台灣搬到東莞，我們只能不斷往前衝。東莞當時連水泥路都沒有，更別提高速路了，但是政府非常歡迎台商來投資。大家投石問路，結果一看非常好。這樣就帶來一個群聚效應，人越聚越多。產業配套的生產鏈來了，家屬和日常生活也跟著轉移到東莞了。於是東莞成了適合台灣人長期居住的一個地方，台灣商人和東莞社會也形成了良性循環。」

　　一樣的文化，適宜的氣候，生活習慣也都一樣。東莞的一切都讓台商們覺得適應起來比預期的快。台商的到來也改變了東莞。當被問到台商對

東莞最大的改變的時候，葉春榮驕傲地說：「當然是經濟了！除了經濟，還是經濟！」台灣人同時也在潛移默化影響著東莞當地人的生活，台商子弟學校的老師們描述，十幾年前剛來東莞的時候，買東西有禮貌地跟店家說「謝謝」的時候，店家覺得很奇怪，「你幫襯我為什麼還要跟我說謝謝？是不是有什麼其他目的？」而老師們也經常會在排隊的時候因為要求當地人不要「插隊」而跟他們吵架。但是老師們也表示，現在都不會了。

東莞的台灣人很團結，很和諧，不管遇到什麼困難，都會抱團，努力衝出重圍。現在的東莞也面臨著二十多年前台灣的問題——招工難，成本提高，但是這裡的台商們依舊執著不悔，努力尋找著轉型升級的出路。「轉型升級，從傳統業到品牌，不僅僅是為了企業，也是為了下一代接班。」「潘朵拉」總經理王玉珠說。

激情澎湃的台商下一代

博主們也採訪了東莞台商協會青年會的會長簡雅婷姐妹。與台商老一輩相比，台商青年一代更加潮流而不落伍，至少，博主們不用費心解釋何為「部落格」以及此行的目的。台灣年輕一代都了解，甚至，與我們的博主們還有著共同的朋友跟一些碰巧的經歷。

台商青年一代，他們個性張揚，激情澎湃，熱衷文創設計等新興產業，正在也必將會延續著父輩的財富故事……

潘朵拉 | 總經理王玉珠和女兒林琪紋

　　簡家姐妹是一對雙胞胎，從畢業到東莞已經5年，她們感慨，身邊的朋友一波接一波的來了又走，很多台商二代青年因為不適應大陸的生活環境，回到了台灣。當然，也不乏，是帶著對大陸的偏見而來卻最終醉心於在大陸創業的二代台青。

　　王玉珠的女兒林琪紋，從加拿大讀完碩士畢業後，就到大陸幫忙家族事業，負責「潘朵拉」的品牌設計。在她來大陸之前，她跟台灣的朋友說，要去大陸進行艱苦的「減肥之旅」了，結果，東莞讓她出乎意料，美食云云，加上向上的精神狀態和媽媽的貼心照顧，她反而胖了。林琪紋是在國外接受教育的台商二代的「比較聽話」的一個，很多在西方待習慣了的台商二代，都不願意回台灣更別提到大陸。

　　現在很多沒有到過大陸的台灣人仍然很封閉，認為大陸貧窮、落後，到了大陸就是「吃苦」，而簡雅婷她們卻是奔著不怕苦的開創新事業的精神來到大陸的，沒想到到了大陸之後，才發現大陸的生活這麼好，機會這麼多。

　　從林琪紋、簡家姐妹和陳威志等台商青年一代的身上不難看出，他們個性張揚，搞聯誼、開派對，熱衷文創設計等新興產業，也造訪前輩企業取經管理經驗。他們激情澎湃，正在也將會延續著父輩的財富故事……

台商協會：創造台商大家庭

　　幾天的行程，幾個人物的交談，博主們眼前都會有一幅東莞台商的生活圖景：先生到東莞的大樓裡上班，太太送小孩去台商子弟學校上學，然後太太到東莞台商會館活動室去學插花、彈彈古箏；等到了中午，她去先生的辦公室考察一下，一起共進午餐；下午到台心醫院做一做保健⋯⋯這般規律、安定的生活，部分已經成爲現實了。而在2013年12月26日東莞台商協會20周年慶之後，隨著台商大廈和台心醫院的落成投入使用，這個生活圖景，就完全變爲了現實。

　　東莞之行，讓博主們對台商協會有了更深入的認識，紛紛感嘆，台商協會真的是台商們的「好保姆」。

　　經過二十年的發展，東莞台商協會已經爲台商營造了一種家的感覺。他們辦起了台商子弟學校，又集資蓋起東莞的地標性建築台商大廈（現改名爲環球經貿大廈），還有引入台灣運營模式的台心醫院、降低台商進出口成本的富全物流⋯⋯協會還組織各種進修、休閒、娛樂活動，協會領導下的青年委員會，讓台商子弟學習大陸的語言、文化，在青年進入社會之前爲之提供一個觀摩、實習的機會。

　　不僅如此，台商協會更是一個團結台商迎接挑戰的機構，大麥客、台博會等幫助台商轉型升級的產物應運而生。謝慶源感慨，自己一路的事業，從卡拉OK服務業到辦起學校和物流公司，如此大的跨度，皆是因爲台商的需要，也是台商協會在推動著他不斷前進。

　　以上所記，只是這次參訪的部分片段，未能盡述，然而斯人斯景，斯物斯情，却讓參訪的台灣博主們深受感動，仿佛完成一場心靈洗禮，他們亦紛紛表示，如果有機會，也要嘗試來東莞長期居住。■

斯人斯景，斯物斯情，
讓參訪的台灣博主們深受感動，仿佛完成一場心靈洗禮。

這次活動讓小編記憶中對台灣人的傳統印象徹底顛覆。之前由於採訪的多是企業家，因此，從未把「幽默感」與「台灣人」這兩個詞聯繫在一起。

　　第一天歡迎晚宴的時候，團員瑪格就表示，北京人似乎不懂幽默。按照瑪格記述，有一次他們與北京記者共同參加台灣原住民的活動，「我們對於原住民說的幽默話都笑到前仰後合，唯獨北京來的記者覺得一點都不好笑。」「北京的記者甚至對我們的開懷大笑感到非常不可思議。」

　　其實，偌大的大陸，就屬北京人最有幽默感，他們也最能「侃大山」。任何一個「老北京」都能從古侃到今，從中南海侃到市井百態。北京人的幽默是與生俱來的，從爺爺輩兒那會兒，北京人就愛聽相聲找樂子。

　　經過五天的活動相處，小編總算明白了何以台灣人會對北京人有「不懂幽默」的「小誤解」。所謂的「北京人不懂幽默」，實際上是「北京人不懂『台灣人的幽默』」。

　　從這個「小小的誤解」中也不難看出，兩岸在很多方面是存在差异的，特別是文化方面的差异。如果說幽默不是爲了把別人逗笑，而是一種樂觀的生活態度，那麼，台灣的一般民眾要比大陸更富幽默感。這樣的心態是什麼時候形成的？戒嚴時期有嗎？日據時期有嗎？還是說經濟起飛之後才比較有閒情來考慮幽默感這件事？小編了解，主要還是沿襲了日本的

台灣人的幽默

文/琳琅

kuso文化。

「Kuso」詞意源自日本，本來指「可惡」，或「糞、屎」等不雅的意思。流傳到台灣却顛覆了原意，被引申為「搞笑、無厘頭」，打著「kuso」旗幟，自拍照片、影音耍寶比怪，再借由網路流傳，刺激線民點閱率，拉抬知名度。霎時掀起台灣一股「kuso」文化旋風，席捲80後新生代。

在東莞橋頭美麗如畫的300畝蓮池邊上，一副很不協調的畫面極具「kuso」風格：一個當地農民大叔，打著赤膊露出黝黑的上半身，穿著大褲衩，抬起一隻腳踩著石柱裝飾性的凸起邊沿，單手托腮，若有所思。而在石柱的另一端，一個衣著光鮮時尚的觀光客跟農民大叔做了一個以石柱為對稱線的對稱動作，形成鮮明對比。旁邊更有幾個「狗仔隊」隊員手持單反相機如同對著大衛雕塑一樣的以各個角度迅速把這個「兩岸時尚PK」的畫面收入三寸鏡頭。那個時尚的觀光客跟幾個「狗仔」的扮演者，正是這次活動的主角——可愛的台灣博主們。

「農民大叔」可能會覺得很無聊嗎？但是博主們卻各個自得其樂。這就是生活態度。據說，這種搞怪風潮現在在台灣已經發酵成創意能量，蔚然形成台灣獨有的年輕人文化。有些廠商為爭取新世代認同，紛紛以「kuso」風格拍廣告，更有許多「kuso」族，因勇於表現而贏得工作機會。■

一所愛意濃濃的學校

文/琳琅

　　靜靜流淌的小河，錯落有致的典雅建築，綠樹成蔭的生命力訓練營地，岸柳成行的恬靜校園，台胞子弟此起彼伏的歌聲、笑聲、讀書聲，構成了一幅生機勃發的秋季校景圖。

　　小編在第二次參訪東莞的活動中，參觀了東莞台商子弟學校，讓小編印象深刻的不是學校從招生到辦學充滿「台味」的「台式」教育，而是人杰地靈的環境，「全人教育」的辦學理念，濃厚的「儒家」傳統文化。而讓小編深受感觸的，還有這所凝聚了多人辛勤汗水、勞苦奔波建立起來的學校裡，濃濃的愛的氛圍，和那個充滿傳奇意味的「八塊錢」董事長的故事。

　　南方鄉村多有對土地公、土地婆的信仰，土地也是傳統道教信仰體系中保一方平安、祈風調雨順的神祇，而學校就坐落在土地廟旁邊，一草一木、一房一舍，都仿佛被賦予靈性。小編隨台灣博主東莞訪問團參觀生命力訓練營地、校史館、學生宿舍、圖書館、琴房和學生餐廳，信步閒談間，這所漂亮的大校園，不僅風景秀美如畫，更給人一種安寧沉靜之感。

古語云，「吃得苦中苦，方爲人上人」。

在學校裡，孩子們從早上6點半起床，跑步3000米，在生活教育中培養高尚的個人品格；這裡還有亞洲最齊全的拓展教育，從美國進口的戶外拓展設備，野外求生、紮營、篝火烹食等課程，注重學生生存能力的培養。中華民族的傳統道德在這裡更是被奉爲圭臬，從隨處可見的孔孟標語和每年一次的高二學生跪拜感恩父母的「成人禮」可見一斑。

在學校的餐廳門口，小編看到了被一群天真活潑的孩子簇擁著走向餐廳就餐的一位「爺爺」，和善的眼睛裡露出慈祥的笑意。工作人員稱，這位就是學校董事長葉宏燈先生。他曾是東莞台商協會會長，也是東莞台商子弟學校的重要籌建者之一和辦校過程的靈魂人物。在學校裡，葉董事長從來不領取一分錢的薪水與分紅，只是每天中午享受一頓「八塊錢」的午餐福利，因此被稱為「八塊錢董事長」。

東莞台商子弟學校是集兩岸之大愛發展起來的，經過很多人的努力，讓在東莞打拚的台商子弟有了屬於自己的學校，而且教學條件還很好，使得家長們更放心地在大陸工作。如今，即便學校已經滿員，沒日沒夜工作的老師們把辦公室騰出來做教室，都會盡量多招一個學生，因爲，「多了一個學生，就多了一個團圓的家庭。」■

台灣人比大陸人傳統

文/琳琅

　　台灣是一個既現代又傳統的地方。說它現代，是指它的經濟發展水平更高，吸收的西方現代元素也更多。說它傳統，是指台灣保留了更多的中國文化傳統。

　　這不僅僅因爲台灣仍適用繁體字，而且中小學教育教授了更多的中國傳統的學識。台灣學生的古詩文功底普遍要比大陸學生高。從東莞台商子弟學校的教育模式，我們或多或少能領略到一些。這些無非也是表面，文化這東西要複雜得多。

　　文化的傳承就像河流的流淌，表面上的並不是主要的。我覺得台灣所保留的傳統文化，是微妙地體現在生活之中的，而不是能够用一兩件事能够說明的。現在大陸的父親都很務實，很少因爲某種觀念而反對子女的職業選擇。其實反對也沒有用。小編覺得，大陸的父親已經沒有了傳統社會家長的那種權威。

　　然而身爲台南人的小兔，談及台南一些古老的婚嫁傳統，台南傳統婚禮習俗非常講究「禮儀」，過程很繁複，從男方請媒人到女方家說媒、試菜、訂婚、結婚、歸寧、歸寧隔天女方父母請女婿……每次都要辦宴席請吃飯。妹妹們結婚得吃上很多次大宴，而且結婚要準備的古禮也非常多，至少要準備十二禮，是現代較爲少見的。

　　小編不得不驚訝中思考，是否台灣傳承到的古代傳統文化會比大陸保留地更久更多一點呢？

台灣人很敬業

文/琳琅

　　台灣人特別敬業，基本上上班很少遲到早退，這個從對台商的採訪就已經知悉。

　　他們從小就學會了獨立生存，也沒有依賴家庭的想法。這次活動，從小編看到的博主們的做事風格上也能發現，很值得我們學習。即便是在吃飯的時候，他們都會很不好意思地說：「對不起，每上來一個菜我們都是要用相機先拍過的，這是工作的需要，希望大家能理解。」於是每次吃飯，每上一道菜，都要給七個人輪番拍過，像是基督徒飯前的祈禱一樣，完成一個儀式，才開始動筷，而兩次活動十天相處下來，我們也都習慣了，也樂見於此。

　　無論是拍美食佳肴，還是拍風景，他們都非常認真，特別是愛伯特，他可以爬到樹上，可以不顧形象撅起屁股趴在地上，可以用各種危險姿勢，只為用最精彩的鏡頭捕捉最完美的瞬間。

　　除了攝影，做採訪的時候，他們也都會很認真地聽受訪者的講述，適時提出問題做交流並記錄，工作中的他們的眼神，讓小編想起一句話：「沉浸在工作中的人，是最有魅力的。」

　　每一天的活動行程安排，都非常地緊密，回到酒店，早的話八九點，晚的時候甚至到半夜一兩點，第二天起床問好的時候，知曉竟有博主回到房間還繼續在台灣的其他工作到三四點的！這一點上，實在無法不讓人佩服。

　　當然，小編不是認為大陸人什麼都不好，但是至少這一點上我們不得不承認還是有差距的。■

PART——6

心靈互動

—

莞台戀戀

當「東莞很台灣」被小‧編當成固定片語去使用的時候，才恍然發現這是對東莞最好的注解，也是對東莞台商最好的讚美。

文/薇薇

將心比心的感情底蘊

從第一家台企落戶東莞開始，20幾年的社會變遷，變的不只是商業環境、人文氣息，小編從這麼多年與各地台商、台協、台辦的接觸中深深地感受到，「東莞很台灣」的內因其實也在於東莞市政府的服務理念就「很台灣」。

且不談東莞市政府從上到下、每一屆的領導班子是怎麼樣招商引資，怎麼樣讓台商在東莞落地紮根，怎麼樣讓企業安心興業，怎麼樣幫助企業解決問題，就拿近幾年大家都在談論的轉型升級來說，台資企業要轉型升級，政府服務同樣也要轉型升級。

　　政府不能還停留在招商、引資、選資的觀念上，也不能停留在「有問題了再來解決」的滯後性「解決問題」理念上，更不能坐在辦公室裡等著企業上門來，而應該要像東莞市政府這樣「邁出去、走進門、主動問」；而且，東莞市政府各部門的幹部不僅都是站在台商、台企、台屬的角度去思考問題，更是用心瞭解台灣的風土習俗，用台灣人的思維、用台灣人更能接受的方式來幫助台商、台企和台屬。這就不難理解，東莞除了是台商在大陸的最為密集的地區之外，也是與台灣經貿文化交流互動最密切的城市之一。

常住東莞的台灣人就有8萬之多

　　在東莞經常聽到台商說，「東莞台辦就像是台灣人在東莞的娘家人，只要有困難或需要協助的地方，就會與其他部門攜手著力幫忙解決。」

　　「東莞，早已是我們的第二故鄉了！」

　　「我的事業、我的朋友、我的關係人脈資源，都在東莞，離不開了。」

「小孩在東莞長大，在這裡上學，這裡就是他的故鄉，感情深厚啊！」

「在東莞領導幹部的手機都是24小時開機的，就是半夜響鈴，都是耐心接聽、耐心處理。」

......

幾句數語，聲聲切切，也道不盡台辦對台商們的殷殷關懷、融融真情。

而面對台商的真情褒獎之言，東莞市台辦和其他部門的領導幹部們謙遜的聲音也常不絕於耳。

「東莞從不毛之地到高樓林立，從荒田僻地到繁華都市，台商有很大功勞，是他們用汗水和淚水辛苦創造出來的，如果政府對他們的問題和困難袖手旁觀，誰還會願意熬下去、呆下去？又怎會有更多的台商接踵而至？」

「台商很多是舉家、舉廠遷移來到東莞，可謂是背井離鄉、是背水一戰，其中的辛酸不言而喻，先不從什麼服務不服務來說，就是從個人角度換位思考、將心比心，也得盡所能地去幫助他們，他們敢闖愛拚的勇氣，我們打心底裡佩服。」

　　「我們的小孩與台商、台幹的一些小孩，是同學，是朋友，就如鄰裡，就如世交，從這層面講，也應該互幫互助。」

　　「東莞市政府的領導幹部有個無需規定的習慣，手機要24小時開機，就是為了方便台商、台協隨時找得到我們，更何況若沒緊急的事，也不會三更半夜地打電話來。」

　　是次台灣的博主們在兩次的採訪行程中，他們深有感觸，特別是東莞台商子弟學校的建校過程，各部門全力以赴，不僅僅是24小時開機，更是有派專人在現場24小時提供政務服務和協助。

【小編感慨】

　　提供服務的人開不開心，接受服務的人滿不滿意，其實，就是看提供服務的人對於「服務」二字的態度。東莞市政府把服務的對象當作家人，從家人的角度設身處地為台商著想，當然台商也能感受到來自家人「服務」的熱情真誠。從情感上，東莞就很「台灣」了。

同舟共濟的事業基石

　　東莞對台商的青睞，緊緊牽系著台商紮根在東莞的決心；台商對東莞的依賴，襯托起了東莞的欣欣向榮。

　　2008年國際金融危機爆發後，由於原材料物價上漲、勞動力成本上升，以及國際匯率的動盪變化，台資企業普遍面臨經營成本上升和獲利空間下降，台商承受了很大的經營壓力和心理困擾，同時也萌生了轉型升級的內在需要。這其實與20多年前的台灣社會經濟形勢非常相似。

　　當年，台商選擇了出走，到一些成本較低的市場地域謀出路，也因此同文同種的大陸成了首選，也就這個時候，第一波的台商來到了東莞。20多年過去了，要說天時地利吸引了台商，那麼人和更是讓台商決心紮根東莞的重要因素，台商也成為創造東莞「世界工廠」的主要推手。

如今，東莞和台商面臨著台灣的當年的困境和考驗，但本質不同的是，東莞及早佈局了台資企業的轉型與升級，學習台灣的成功經驗，取其長補己短。松山湖台灣高科技園的誕生就是「東莞承接台灣」新一輪產業轉移的重要載體，實行「產業鏈缺失項目招商」，對接引進台灣地區的大型科技龍頭企業。

　　與此同時，結合東莞實際，制定了一系列幫扶政策，如通過引進台灣產業服務機構，幫助企業提昇技術、改進產品、優化管理、減少用工；鼓勵現有加工貿易企業延伸產業鏈條，增加研發、設計、接單、行銷、財務等企業總部要素，提昇企業創造附加價值的能力，重點是設立研發中心，尤其是產品開發設計中心；提昇企業自動化、精細管理和資訊化管理的能力。如，東莞學習台灣的經驗幫助企業建立碳足跡管理機制，台企智富五金進行碳足跡管理後，每年節省200萬元（人民幣，下同）；廣聲電子用電減少30%，降低風機能耗28%；裕元第一分廠提昇用電效率40%，減碳35%，每年節省3100萬元。

　　值得欽佩的不僅僅是東莞及早準備的憂患意識：「今天不主動調整產業結構，明天就會被產業結構所調整」；更有謀略的是有前瞻的思維——把握轉型升級的政策和方向，分清職責主次：「企業是轉型主體，市場是主要手段，政府必須有所作為」，營造良好幫扶氛圍，及時採取一系列幫扶台資企業轉型升級的有效措施，穩固台商投資信心。

真心實意的企業幫扶

　　台博會、大麥客等是東莞台資企業集體尋求轉型升級，外銷轉內銷，拓展大陸市場，創造自主品牌的典型成功案例。為此政府積極作為，幫助台資企業搭建內銷平台，與屬地海關共同構建「內銷快速通道」；舉辦東莞外貿商品展銷週、東莞名特優產品展銷會、東莞台灣名品博覽會；資助近1億元人民幣支持5500多家加工貿易企業應用電子商務平台開拓內銷市場；鼓勵台資企業創建自有品牌，在此輪轉型升級風潮中，湧現出了台達電子、光寶電子、徐福記食品、環美家具、Okuma漁具、潘朵拉等知名品牌。

　　東莞因為台商一直與台灣淵源深遠，互動熱絡。為了幫扶企業轉型升級，政府一直扮演出謀劃策的重要角色，每年舉辦商產業轉型升級論壇和品牌、專利、內銷等專題講座，編印輔導資料；開展「訪企業、送服務、促轉型」活動。

　　為了對企業的幫扶更有針對性，切實解決企業的困難，東莞依舊攜手台灣專業機構，學習成功經驗，先後已引進了台灣工研院、生產力中心、中衛發展中心、電電公會等14家產業服務機構；2009年在東莞成立轉型升級聯合服務機構，並予經費支持，實實在在一對一的幫扶。2010年底和2012年底舉辦了兩場轉型升級診斷輔導成果發表會，推介了轉型升級成功

據東莞官方數字統計，截至2012年底，14家台灣產業服務機構診斷台資企業近900家，深入輔導338家。據服務機構和企業測算表明，接受診斷輔導的企業研發新產品7000件，引進技術63宗，自動化程度提高16%，生產效率提昇16%，用工減少10%，庫存周轉率提高17%，庫存減少20%，價值量約為55.2億元人民幣；平均生產成本降低15%，投資額新增7.66億美元，內銷增加57.32億元人民幣。

案例，其中裕元鞋廠、健泰針織、日普工藝、毅德複合材料等企業成功轉入了內銷市場。

東莞台商協會有一個「馬上辦中心」，這又是東莞政府與台商協會共同服務台商、踏實幫扶企業的產物。這個馬上辦中心除了幫助台商解決大到土地、廠房、資金，小到簽證、機票、駕照等，更多的疑難雜症等問題通通都可以找到他們來幫忙協調處理。馬上辦中心對台資企業轉型升級的服務也是大有作為，如在市外經貿局設立企業轉型升級一站式服務中心，對台資企業轉型升級涉及的具體問題集中快速辦理。

台資企業在轉型升級的過程中，普遍遇到的最大困難就是資金。為幫扶和緩解台資企業遇到的資金問題，東莞「五頭發力」：一是於2008年設立了10億元融資專項資金，通過分擔貸款風險、補貼貸款利息等方式幫助台資企業融資；二是推動玉山銀行等台資銀行的東莞代表處升格為分行；三是聯合金融機構針對台商需求量身訂做金融服務產品；四是支持符合條件的台資企業上市融資，繼東莞勁勝精密成功上市後，東莞盈拓科技等3家台資企業被列為上市後備企業；五是支持台資企業爭取大陸銀行的政策性融資，並出資推動設立了台商信用擔保公司。

唇齒相依的攜手結義

東莞的台商把東莞當成自己的福地，隨著大陸經濟的成長不斷發展壯大，特別是隨著轉型升級的腳步，不僅僅是企業本身，東莞整個城市也在經歷著蛻變，投資環境呈現新的需求和變化，企業正謀求傳統合作模式之外的新機遇和新機會。

12月15日，兩岸實現全面、直接、雙向「三通」屆滿五周年。回首5年間，海空直航的便捷讓兩岸形成「一日生活圈」，直接通郵和社交網路工具的無遠弗屆架起了一座座兩岸「心橋」，雙向投資和《海峽兩岸經濟合作框架協議》(ECFA)的實施暢通了兩岸資金流……「三通」的實現與蓬勃進展，為兩岸大交流、大合作、大發展奠定了雄厚的基石，在兩岸關係史上寫下了濃墨重彩的一頁。

在商潮湧、創紅利的大環境下，東莞似乎又展示了捷足先登的優勢，早在2006年起，就透過黨際交流的方式，與桃園縣結義，雙方在「八項共識」的基礎上進行了十多次互訪交流，在經貿、文化、科技、教育、農業、體育和觀光旅遊等多領域進行緊密的合作。

「莞榕計畫」是東莞與台灣進行生技產業合作的平台，由廣東省政府顧問、台灣聯電集團榮譽副董事長宣明智牽頭，以台灣交通大學傑出校友為班底，組成轉移平台公司，協助東莞引進台灣優秀生技企業落戶發展，快速打造全球首屈一指的創新生物技術產業集群。「莞榕計畫」擬首年首批引進20家成熟生物技術企業進入松山湖高新區。

　　2013年11月17日至21日，東莞政府以「求真務實、精簡實效」的姿態在台灣開展了一系列的經貿交流活動。藉此活動，台灣的高科技產業及新興產業界敏銳地捕捉到東莞新投資環境下「處處是商機」的機遇，東莞台灣高科技園將以「五個共同」，即共同規劃、共同開發、共同經營、共同管理、共同受益的理念，實現「五個集聚」，即政策集聚、高新技術集聚、高端產業集聚、人才集聚和優質精品集聚，為台資企業發展爭取到最優的投資政策，打造一個台資科技產業創新發展、精英人才安居樂業的新城，為莞台間攜手共推產業集聚開闢了先河。其中特別是「莞榕計畫」的簽署，將為莞台合作開啟新的一頁。

　　隨後，桃園縣縣長吳志揚於2013年12月14日至17日率領農業、觀光、工商等局團回訪了東莞，舉辦了「桃園推介會」，吳縣長帶來的特色產品，在會場展示時即被搶購一空。桃園縣與大麥客初步達成了意向，未來將開闢專區供銷桃園特產，東莞市民不用到台灣就能品嘗並瞭解更多台灣美食。

台商在東莞一個又一個創富故事，完美詮釋了「愛拚才會贏」的內涵，在帶給東莞社會經濟人文繁榮興盛的同時，也讓東莞處處呈現著「很台灣」的景與情，相融相生。

附記

一路走來的新莞人

文/李曉莊

東莞——
一個很奇特的城市
20年前的東莞更加奇特

　　從交通便利來看它不如深圳、廣州——深圳與香港一河之隔，眾多港人視深圳為生活的「後花園」，「早出晚歸住在深圳的香港人不計其數」……如此等等，說明作為改革開放試驗區的深圳比東莞有「與生俱來的優勢」，有東莞難以比較的時空優勢……

　　從城市發展來看，它與深圳、廣州相較，相差好幾個數量級，深圳作為鄧小平欽點的特區，享受各項投資優惠；廣州作為大陸的南大門，作為廣東省的省會城市，已經積澱了很多經濟、文化底蘊……

　　而此時的東莞，除了「毗鄰深圳」是其優勢外，其它什麼都很難算得上「優勢」，要道路沒道路——鏈接東莞市區與各個鎮之間的泥濘道路很難用今天的角度去想象；要資源沒資源——與深圳、廣州相比，彼時的東莞還是一個缺電城市，不要說工業用電，就是民用電也是「說停就停」。
　　……

可是，就是這樣一個既無地理優勢（相對深圳、廣州），也無資源優勢的「城不誠、鄉不鄉」的地方，卻聚集了大陸最多的台商，從第一家台商落戶東莞，到東莞成為全球製造業重鎮；從資源要素嚴重缺乏的新興城市，到遙遙領先全大陸各地的重大出口經濟體；從很多內地人讀不清楚地名的城市，到無人不知的「打工天堂」……東莞真的很特別！

特別的東莞離不開一群特別的人——那就是台商。

特別的東莞如何打造？

且看台達在東莞的發展

台達電子是東莞台資企業中比較有規模的企業，也是台灣和國際認知度比較高的企業，僅看台達電子今天的規模和佈局，很難想象他們當初落戶東莞時的「淒涼」場景。

「我在1992年第一次來到大陸、到考察，相比台灣，這裡低廉的土地價格和人力成本讓我很吃驚。」台達電子到大陸投資的負責人曾紀堅回憶說，當時他在東莞支付給一個工人的平均工資大約在350元（人民幣，下同），而這在內地還算偏高的，相比之下台達電子台灣工廠的平均工資是這裡的七倍。加之東莞政府在土地方面給予的諸多優惠，這使得東莞在當時變得很誘人。以台達東莞廠最初的主打產品交換式電源設備為例，上世紀90年代初，加上產業配套及運輸成本，其依然能達到15%的利潤率，而該產品在台灣工廠的利潤率僅10%。

曾紀堅告訴筆者，作為被台達第一批派到東莞「開疆闢土」的台幹，確實需要「開疆闢土」，因為東莞當時什麼都沒有，建廠餓了想吃一碗方便麵都買不到，別說超商，方圓多少公里連一個小店都沒有，很多吃的都只能從台灣帶、去香港買……問題是，緊張而忙碌的「開疆闢土」工作，根本不可能什麼都從台灣帶、去香港買。

　　曾紀堅說，為了照顧他們這些遠道而來的台商、台幹生活，他們當時所在的石碣鎮領導，把全鎮最好的內部招待所供給他們用——在食堂吃飯、在招待所沖涼……

　　與當前的資訊相比，20年前的東莞資訊是可想而知的，石碣鎮當時只有5部電話，其中鎮長家有一部。在當時，裝一部固定電話，不僅需要很多錢（好像是1500元），而且還要有關係，因為電話公司的「門號」有限，不是有錢就給你安裝的。台商要打長途電話，只能到電信局排隊進入電話亭裡打，手提電話在當時還沒有出現。曾紀堅說，因為他們需要經常與台灣總部溝通，沒有電話實在不方便，鎮長得知此事後，第一時間把他們家的電話拿來給台達使用……

　　曾紀堅說，除了上班、加班，彼時的東莞沒有任何娛樂可言，每天都會有鎮領導陪著喝酒，那時的鎮領導為了安定台商，也只有這個招數，因為什麼娛樂內容都找不到，連看場電影都困難，正因為如此，石碣鎮一位鎮幹部，就是為了招商喝酒喝死了。

　　在政府如此關照下，台達的電源供應器等多項產品發展終於成為世界IT業的第一，僅10年間，台達在東莞的工廠就從一家發展到四家。曾紀堅

說，在東莞，政府對企業的配合度的確很高。

再聽張銘真的故事

　　東莞台商投資企業協會婦女聯誼會會長張銘真，應是眾多東莞台商中比較早到東莞的女性。張銘真今天回想起當初的決定，也不知道哪裡來的「勇氣」。她的工廠落腳在東莞塘廈鎮，當時的考慮是塘廈鎮距離香港比較近，進出香港回台灣會比較方便。

　　1992年，台灣寶熊漁具有限公司跨越海峽來到東莞投資辦廠，張銘真的先生、寶熊公司大陸區總經理楊培源率先帶領幾名台幹來到東莞籌備建廠事宜。創業之初，百端待舉，配套設施欠缺，生活條件簡陋，大多台幹眷屬無法適應這份艱辛，要麼沒來，要麼來了短時間後就又返回台灣。

　　但張銘真卻義無反顧跟隨丈夫一同來到東莞，不但自己過來，還將自己的三個小孩一並接了過來，最大的當時才3歲，最小的還不到1歲。也曾有人事先勸張銘真不要急著過來，先來考察一下再說，但張銘真覺得沒有必要，她執著地認為「當地那麼多人都能生活，為什麼我去了不能生活」。

　　　能夠支撐張銘真他們克服各種困難發展下來的，除了生意外，再就是與當地政府的噓寒問暖分不開。當地的居委會和街道辦，一直是張銘真他們獲得力量的源泉——不管大事小事，只要向當地領導開口，領導都會馬上去辦。

最讓她難忘的是她第一次到塘廈鎮後，不是那裡的落後場景，也不是他們連串的生活不便，而是第一次從深圳羅湖出境經香港回台灣時「被海關扣起來」——因為她不知道「回大陸還有時間限制」，「超過居留時間就要罰款」。她說，她當時就哭了，真不知道如何是好。經過解釋，邊檢也就「高抬貴手」，因她是「無心之過」，並沒有對她進行處罰。

張銘真剛來東莞時，是既當妻子又做媽媽，夫妻倆帶三個孩子在東莞打拚，特別是在生活條件與台灣落差極大的情況下長期居住著、生活著，所需要的勇氣和毅力，不是用現在的「回想」能夠體會的。

「也不知道是哪裡來的一股力量在支撐著我，只是覺得老公的事業在這邊，而我必須與老公共進退。」張銘真堅定不移地輔佐先生、照顧小孩，一家人順利度過了適應期，沒有人打退堂鼓。她回憶道：「一開始還擔心小孩子難以適應，後來發現其實小孩子適應能力更強。雖然也生過病，但生病也是一個適應的過程，我覺得這都沒什麼。」

張銘真現在回想起來，都對自己當時的決定感到「勇敢」，每次回台灣，家人和朋友都為她感到不值，都勸說她打道回府，可是，他們還是慢慢挺過來了。能夠支撐他們克服各種困難發展下來的，除了先生的生意外，再就是與當地政府的噓寒問暖分不開。當地的居委會和街道辦，一直是張銘真他們獲得力量的源泉——不管大事小事，只要向當地領導開口，領導都會馬上去辦。再一個讓張銘真他們感動的是比他們更為艱苦的工

人，這些工人從內地湧至東莞，為了一份工作托親拜友，工作條件差他們不在乎，加班加點他們心甘情願……這種場景不僅讓張銘真他們銘記在心，也是很多台商踏足東莞後願意留下來的重要原因。

張銘真的寶熊漁具公司在東莞的規模越做越大，員工數量從起初的五十人到一百人、兩百人、三百人……再到如今的近兩千人。公司旗下的Okuma和「狼王」品牌已經成為漁具行業中的知名品牌，部分漁具產品的國際市場占有率甚至達到了30%到40%，目前已成為全球漁具龍頭企業。看到老公的事業蒸蒸日上，自己當初的辛苦沒有白費，張銘真由衷地感到欣慰。不但公司紮根東莞，張銘真一家人也早就把東莞當作自己的「第二故鄉」，入鄉隨俗，安居樂業。

其實，像張銘真這樣獲得東莞地方政府幫助和支持的台商有很多。

提著飯盒招商的幹部

在東莞長安鎮，早期一位負責招商的幹部李柏年，就經常提著飯盒在深圳羅湖關口守候外商的到來，只要有企業前來，一定會按客商的要求，陪同到各村詳盡考察，直到客商滿意為止。一家跨國玩具業巨頭前來長安投資，鎮裡的幹部為此東奔西忙、廢寢忘食，常常一個月過家門而不入，完全把企業的事當自己的事來辦。這種鍥而不捨的精神，終於使小小的長安鎮悄悄成了台商投資的所愛。

更重要的是，「東莞的政府蠻務實，對企業提供蠻好的服務。我們反映的問題，有關部門很快會解決。企業需要擴大廠房，他們會找到最近的土地，協助你把手續辦好。」知名糖果企業徐福記負責人徐沆深有體會地說。

一樣的文化，一樣的語言，生活習慣也都一樣。東莞的一切都讓台商們覺得適應起來比預期的快。台商的到來也改變了東莞。東莞台商協會秘書長趙維南說，剛到東莞時，東莞「還是個農村」，「那個時候，台商們還經常搞一些街頭義務清掃活動、爬山順便揀垃圾，現在再看東莞，已經是一個非常現代化的大城市。」

為了台商發展「軟」「硬」兼施

東莞台商協會第九屆會長謝慶源，應是東莞台商中比較特別的一個，一方面他經營的事業「比較雜」，另一方面是他與政府特別是海關的關係非同一般。

謝慶源會長到東莞逾20年，從事的「事業」可謂「軟」「硬」兼施，從早期經營皮具加工產品，到後來轉型開卡拉OK，再後來轉型經營鋼材製品加工和醫療門診，再到後來是轉型從事教育辦學和大宗物流……謝慶源說，除了最早的皮具產品製造業是他「帶進東莞」的事業外，其它都是「因為東莞台商的需求」而創辦的企業。

就以卡拉OK為例，台商剛到東莞時，不僅生活清苦，而且業餘時間更是無聊。都是三、四十歲的男人，下班以後總不能每天都去喝酒，並喝到爛醉，需要舒壓、解壓方法，彼時的深圳業餘生活比東莞要豐富很多，但總不能每天跑深圳吧。隨著越來越多台商聚集東莞，對多元化的業餘生活需求就更加迫切，在「台商有需要、市場有需求」的情況下，他開始投資創辦卡拉OK，以解決部分台商下班後的「時間安排難」問題。

　　再以他創辦的台新診所為例，也是因為台商有需求而投資的事業。謝慶源說，很多台商在東莞生病後，一般都是「小病忍著，大病才回台灣治」，「往往是小病忍久了，也會變成大病」。台商為何不去大陸的醫院看病呢？除了當時大陸醫院的醫療設備、醫療水平與台灣有很大差距外，再就是大陸的醫療談不上「服務」，僅「人滿為患」的醫療條件，就讓很多台商「望而生畏」。為了解決台商在東莞就醫難問題，他就想盡一切辦法創辦了「台新診所」，為在莞的台商提供貼心服務。

　　謝慶源說，他每選擇的每一項事業，都與台商在當地的發展密切相關，並且都能獲得政府的大力支持。他以海關為例，東莞是台商「來料加工」的集中區，「來料加工」的定義就是「兩頭在外」——從國外進口原材料，經加工後再把產品銷到國外。理論上這一過程很簡單，現實操作過程中卻相當複雜，因為「原料」和「產品」都免稅，海關對「來料加工」的監管就非常嚴格。那時台商被抓是「家常便飯」，經常都能聽到「台商

謝慶源說，他每選擇的每一項事業，都與台商在當地的發展密切相關，並且都能獲得政府的大力支持。

被抓的消息」。為此，他就開始深入研究海關操作實務，了解「來料加工」流程和問題所在，並認真研究整個過程每一個環節可能出現的問題。比如說，一間企業「來料」和「產品出口」是有時間差的，不可能「一筆一清」，往往是「後面訂單壓著前面訂單」，這就使得很多企業在「料帳上面」出現差錯，只要「原物料」與「出口產品」數字不符，只要訂單與進口物料有差異，海關就有「拉人」的理由。雖然不排除少數廠商圖謀不軌，但是絕大多數台商都不是故意的，絕大多數台商都是因為「管理不到位」或者生意太忙而無暇嚴格監管，這就導致了很多來料加工企業的台商「動不動就被抓去關起來」。經過他不懈地努力和與海關溝通，終於找到解決辦法，海關不僅自己改進工作，對台商企業存在的很多現實問題也盡量設身處地著想。謝慶源認為，東莞海關是和企業配合度最密切的。

「在東莞從事加工貿易的台商有3000多家，海關各項政策都是台商們關注的焦點，現在海關比以往積極地幫助企業更清楚地理解政策和解決問題，這讓台商覺得特別感動。」謝慶源說。

「有困難？找謝慶源就對了！」這是東莞很多台商經常提起的一句話，這既是對謝慶源「願意幫助台商」的極大稱讚，也是對謝慶源能獲得政府信任的肯定。

台商需要一個安穩的家

提起創辦東莞台商子弟學校，很多人都有無限感慨，其實從東莞台商子弟學校張貼的那張「捐款名錄」也可以看出來，當初為之出錢出力的既有台商，也有當地的企業和鎮政府。

在台商子弟學校的校史室的「功德榜上」，記錄了為台商子弟學校捐款的單位和個人，他們有台商，也有大陸一些知名人士，還有當地的政府和單位，僅是學校所在地中堂鎮就捐資2000多萬元人民幣。台商子弟學校的一期7000多萬元人民幣的建設資金就是靠這些人的無私奉獻得來的。到目前為止，這所學校所接受的捐款總額已達到1億3000萬元人民幣。很多人會對這些捐款名單由衷地感佩，不僅僅感佩他們捐款的踴躍，也感佩他們對教育的支持。

以中堂鎮政府一次性捐助的2000萬元人民幣而言，這個舉動，既表示當地政府對台商興辦學校的鼎力支持，也表示當地政府對台商的期待，更多的是他們把東莞台商子弟學校視為東莞的一份子，把學校與當地視為一個整體。

其實，除了「功德榜上」的捐款人外，還有很多其他沒具名的捐贈者——如興辦學校的鋼材、電腦、桌椅……學校的一磚一瓦，基本上都是台商們捐贈的，為了趕在新學期開學時順利開學，很多台商企業加班加點為學校趕製所需用品。

校長陳金粧回憶說，她本身也是台商家屬，自己對台商在東莞打拚付出的代價有切身體會。創辦一間台商子弟學校的本意，是為了「解決台商後顧之憂」，因為隨著到東莞打拚的台商增多，家庭分離、夫妻分手的現象越來越明顯，要想安定在東莞的台商和台幹，唯一辦法是把他們的家「搬來東莞」。當時台商圈的情況是：由於長期分居和家庭分離，給台商、台幹和台灣的家人都帶來很多困擾，唯有解決台商的家庭問題，才能讓更多台商安心工作。家庭穩定下來以後，對先生的事業有很大的幫助。

可是，要創辦一間台商學校，說說容易，動起來就沒有那麼簡單了。

陳金粧校長說，儘管有東莞市政府的大力支持，土地和建校方案都不是問題，但是由於東莞台商子弟學校完全是台商子女，這就要考慮他們的教育與台灣的課本兼容問題，在當時的兩岸政治情勢下，再加上兩岸長期隔絕的意識形態影響，難度可想而知。最後還是時任國務院副總理吳儀親自拍板，才解決有關問題。

陳金粧說，東莞台商子弟學校因為要和台灣聯考結合，就必須參加台灣的聯考制度。如何參加聯考？是否用台灣聯考試卷？如何運送聯考試卷？如此等等，如果沒有大陸各級政府的密切配合支持，是根本落實不了的。

東莞台商子弟學校的建立就像一塊小小的綠洲，使台商由漂浮轉向安定，多少個家庭因此圓了團聚夢。

葉宏燈以辦學為使命

為台商子女辦教育已成東莞台商子弟學校的使命，在學校裡，大家都能經常碰見一個被學生稱為「八塊錢爺爺」的葉宏燈董事長。葉宏燈是東莞台商協會的第二、三屆會長，從會長任內就開始積極推動辦學之事，卸任會長後又一門心思辦學，可謂是學校的奠基者和靈魂人物。直至今日談到建校過程，葉宏燈都有無限感慨。

東莞台商子弟學校是大陸第一所台商子弟學校，學制、課程與台灣接軌，招收台籍學生，使用台灣教材，大陸和台灣共同承認學歷。教材全部採用台灣教材，聘請的台灣老師和大陸老師各占一半，校長是從台灣聘請的，而副校長是大陸老師。學生畢業後，可以返回台灣考大學，也可以在大陸考大學。學校的建成，成為海峽兩岸文化教育交流史上一個重要的里程碑。在東莞台商的心中，東莞台商子弟學校是兩岸同胞情感的象徵，寄托著台灣家人能在大陸團圓的希望。

在各個方面的共同努力下，於2000年的9月2日舉行開學典禮的東莞台商子弟學校，創辦以來，在不斷完善教學方法的同時，憑著廣大師生的辛苦努力，取得顯著的成績，培養大批品學兼優的學生，也獲得不少榮譽。科學教育方面，學生參加台灣地區學力測驗錄取第一志願、參加東莞市演講比賽獲得二等獎、參加國家級劍橋少兒英文檢定通過率100%；才藝教育方面，學生參加大陸第二屆少年兒童藝術風采展示大賽獲選進入北京決賽、參加莞城區迎元旦少年乒乓球比賽榮獲第一及第二名、小提琴樂團參加東莞市少兒藝術花會比賽獲得銅獎、合唱團參加中堂鎮「六‧一」文藝匯演比賽榮獲二等獎；資訊教育方面，學校榮獲東莞市中小學計算機製作活動「最佳組織獎」等。

為了更多的台商家庭團圓

　　在成功的背後，葉宏燈永遠忘不了辦學初衷——那段不尋常的台商歷史。他說：「東莞是台灣商人在大陸的投資重心，但由於當時某些歷史原因所限，不少台商將家人留在台灣，形成了婚姻、子女教育等問題的困擾，因此創辦適應台灣人文的學校，安置家人前來大陸團圓，是眾多台商的渴望。」1995年，隨著台商在東莞投資數目的增加以及事業的穩定，台商們紛紛盼望能享受家庭團聚的天倫之樂。在東莞建一座可以和台灣學制接軌的台商子弟學校是很多台商的心願。「1999年11月3日，學校在東莞的一個小村莊奠基，在場幾乎是清一色的台商男士，當時在場的台商很多都落淚了。2000年9月2日的開學典禮上，他們帶來了自己的妻子、孩子。如今走在校園裡，可以看到許多老人，因為孩子們的爺爺、奶奶也來了。」長期的家庭分離，使台商們深受困擾。台商子弟學校的建立就像一塊小小的綠洲，使台商由漂浮轉向安定，多少個家庭因此圓了團聚夢。

　　台商們有很多的需求，如何安定他們穩定他們在這裡的投資，教育會是一個非常關鍵的東西。也就是如何讓他們的家庭能夠團聚，投資者能安心，讓他們的孩子能夠有書可念，一家人團聚，這樣的投資環境才能真正穩定台商的。

　　台商們迫切的需求，引起了大陸各個方面的重視，在國台辦領導、廣東省政府和海協會前常務副會長唐樹備先生的共同努力下，最終突破了兩岸教育體制上的差異。東莞市政府在中堂鎮選了校址，以極為優惠的價格批租土地。東莞市中堂鎮潢湧村村委會副主任黎錫魁說，「我們給學校優惠的價格是2萬多塊人民幣一畝，實際上的土地價格當時是十多萬元人民幣一畝。」

東莞台商子弟學校的建成，成為海峽兩岸文化教育交流史上一個重要的里程碑。

最讓葉宏燈津津樂道的是時任東莞市委書記李近維領導的各級市領導對學校建設的支持力度，不僅李近維書記的手機一天24小時開機，哪怕是深夜淩晨，葉宏燈都可以找到他，有什麼事情隨時可以解決。不單能隨時找到書記，而且很多部門都有派人在工地。用十個月的時間建成一所現代化的學校，並不是一件容易的事情，除了有台商們大力的投入以外，與東莞市各級政府的大力支持和配合密不可分。

除了時任的東莞市領導外，學校建設也受到了海峽兩岸各級領導的高度重視。中共中央政治局常委、時任廣東省委書記張德江；中共中央政治局委員、時任廣東省委書記李長春；國務院原副總理錢其琛；廣東省原省長盧瑞華；國務院原副秘書長崔占福；國務院原僑務辦主任郭東坡；國務院台灣事務辦公室原主任、後任海協會長的陳雲林；海協會原常務副會長唐樹備；東莞市委原書記佟星；東莞市委原副書記、市長黎桂康等，任內都給予了極大支持。台灣的知名人士林洋港、楊朝祥、黃樹村、範巽綠、章孝嚴、蕭萬長、許信良、吳榮義等，也先後到學校視察指導工作。

大陸海協會原會長汪道涵為東莞台商子弟學校題寫了校名。

東莞台商大廈

　　常常聽人說，東莞是「小台北」。郭山輝早年在接受大陸媒體採訪時笑言，哪裡止於「小台北」，簡直「小台灣」嘛。最早一家台商1988年落戶虎門鎮，20多年過去，到今天有很多人已是子孫三代都居住在東莞了。「長期在此居住的台商有8萬人。」郭山輝說，「每年大概會有十分之一的台商留在大陸過年。我們在東莞有一個完整的生活圈。」

　　提起郭山輝，台商都會談到東莞的台商大廈。

　　很多到過東莞的外地人，都會對東莞的今天發展感到驚歎，驚歎的不僅僅是東莞四通八達的交通網絡，各個鎮區的經濟發展，更驚歎的是東莞市中心的規劃發展和建設。在東莞市中心區，人們不僅可以看到一個快速成長的現代化都市，也能夠親自感受到東莞的活力和勃發商機。而作為東莞地標建築物的東莞台商大廈（環球經貿中心），更是東莞所有台商的驕傲。

　　東莞台商大廈具有智能化的超甲級寫字樓、高端服務式公寓、高檔商場、旅遊觀光等功能，是華南地區最頂尖的綜合性商務物業之一，是東莞市標誌性建築。台商大廈的投入使用，不僅可吸引眾多台商關注，而且很多企業可採用依托工廠為生產基地，運用台商大廈作為聯繫總部，全面開拓大陸內需市場。台商大廈將提供一個國際化的頂級商務平台，加速東莞與國際的接軌，與東莞市城市升級的戰略相吻合；同時也能引進台灣的

高科技企業來此設立駐點，加強兩岸的溝通與交流，以及能更好地服務台商，對增進海峽兩岸民族情感，加強兩岸通商往來有積極作用。

東莞台商大廈的建造過程表明——政府有錢了，東莞的台商也有實力了。用東莞台協第十屆會長翟所領的話來說，台商大廈不僅穩定了現有的投資者，促使台資企業紮根東莞、永續東莞，而且為會員們建立了「第二個家」。大廈共撥出了5000平方米作為東莞台協永久的家，從硬件上講為推動台協會務發展發揮極大作用。國台辦主任張志軍稱讚台商大廈「很了不起」。張志軍說，台商大廈是東莞台協、台資企業的驕傲，藉此能夠更有力地凝聚台商的力量和智慧，為當地的社會經濟發展作出更大的貢獻。

台心醫院

東莞台心醫院如同東莞台商大廈般，也是台商在東莞發展的光輝歷史產物。

從1990年起，台商陸續到東莞這片充滿機會的土地進行投資，截止2012年底，東莞的台企數目已達到6500家，在莞生活的台商及其眷屬已超過8萬人。東莞，儼然成為台商的第二個故鄉。珠三角台商子女的教育問題，因東莞台商子弟學校的設立，得到了圓滿的解決；就醫問題，就希望藉由東莞台心醫院的設立，讓廣大台商能夠得到更熟悉、更完善的醫療照護服務。

為了東莞台心醫院的建設，東莞台協特別成立台心醫院籌備小組，由輔導會長張漢文擔任主委，並按分工，由包括常務副會長葉春榮、謝慶源、邱全成、曾紀堅、林志猛、徐沆與蔡俊宏在內的七位協會幹部出任副主委。

　　2004年6月，東莞台心醫院，在時任東莞市委書記佟星親自拍板下定案，200畝醫院用地紅頭文件傳達至東莞台商協會。2005年，由時任東莞台商協會會長的郭山輝牽頭，並在東莞市委市政府的大力支持下，東莞台心醫院實業有限公司正式成立。

　　時任東莞市委書記佟星非常支持台心醫院的設立，原本規劃在郊區高鎮的院址，佟星認為台心醫院應設市區，乃決定移到地價較貴的東城區牛山管理區，方便營運後各鎮區的台商前來就診。這是大陸目前首家由台商集資設立的大型三甲級綜合醫院，也是廣東首家大型台資醫院，除服務台商之外，更希望能負起照護當地民眾及企業員工的責任，本著「取之於社會、用之於社會」的理念回饋當地。

　　東莞台心醫院融合了兩岸的醫療服務及管理模式，取其精華，去之糟粕，力求創建一個兼具兩岸經營特色、高端醫療技術的醫療中心。不僅為台商安心在東莞興業提供保障，也為兩岸醫療交流打下了堅實的基礎。

「躺著幹」的會長被逼迫站起來

不管是東莞台商子弟學校、台商大廈，還是台心醫院，都是見證6000多家台商企業在東莞發展的重要標誌，它代表著東莞台商在這裡走過的足跡，這不僅僅為已進駐東莞的台商提供一份家鄉的體貼，更為眾多尚未選擇東莞的外資企業提供一個敲門磚、一個聚焦點。

但是，歷經20多年的發展，東莞台商也面臨新形勢下的轉型問題。

曾經擔任第二、三屆東莞台協會長的葉宏燈說：「早先成立台商協會，目標在於如何引導台商適應東莞環境，包括剛來大陸，有很多人身安全的問題；上個世紀90年代中期之後，台商協會也有一個轉型，大陸開始完善法制、規範市場，台商協會引導台商從事合法經營；現在是第三個階段，台商協會面臨的問題，是如何引導台商往一個有競爭力和永續發展的方向前進。」

2007年底，葉春榮就任東莞台商投資企業協會第八屆會長時，原以為這一屆會長會「很好做」——在歷屆會長的努力下，東莞台商子弟學校、台心醫院、台商大廈這些大工程已經落成……因此，在就職儀式上，葉春榮明確自己任內的工作，就是配合政府，推動台商進行轉型升級。他打趣說自己「躺著幹都行」。

但2008年爆發的全球金融危機，讓葉春榮變成了「最艱難」的會長。本以為「躺著幹都能幹好的會長，不得不站起來往前衝。」此後幾年，當時很多人都不太了解的「轉型升級」，成為東莞台商乃至「世界製造業基地」東莞發展的關鍵詞。當東莞的土地、勞動力、原材料等一系列優勢消退後，在東莞經營了20年，從金融危機、歐債危機中幸存下來的台商，開始重新審視自己的去留。

　　東莞厚街台商吳漢鍾是第一時間感受到金融危機衝擊的人，他公司生產櫥櫃、廚具、裝修用的五金，產品95%銷往國際市場。金融危機讓吳漢鍾的訂單活活被斬去90%，公司立刻陷入困境，170多名員工被裁減到只剩50多人。

　　吳漢鍾的公司並不是情況最糟糕的，以外銷為主的台商玩具廠、家具廠、燈具廠、服裝廠、鞋廠相繼倒閉的也時有所聞。擺在東莞台商面前的出路只有一條：內銷。而當時，大陸為應對金融危機，也推出了一系列擴大內需的舉措，讓台商充滿新機遇。「企業就像人的成長一樣，20歲以後要有大轉變，20年一成不變一定完蛋。」葉春榮說，從上世紀90年代左右進入東莞，多數台企成立已將近20年，甚至超過20年。

　　「台商只有兩條路，一個是產業轉型升級，一個是倒閉。」2009年，在葉春榮的倡議下，東莞台商協會成立了專門的產業轉型升級聯合辦公

室，並推出針對性的「台資企業診斷與輔導計畫」。東莞市政府也及時出台了《東莞市加工貿易轉型升級專項資金管理辦法》，對參與診斷與輔導的台商進行資助。接受深入輔導的企業，可以享受到東莞市政府50%的補助，封頂30萬人民幣。

東莞市政府坦誠相待

東莞台商協會產業轉型升級聯合辦公室主任謝雙拾回憶當時的情形說，最初很多會員企業都不相信有這麼好的政策：只要企業加入診斷輔導計畫，政府就補助4萬元人民幣；企業接受深入輔導，費用由企業承擔50%，市政府補助50%，最高補助達30萬元。東莞台商協會秘書長趙維南說，由於效果好，原定2012年結束的台資企業診斷與輔導計畫在東莞市政府的重視與支持下又給予3年（2013年至2015年）的延續。市政府專門發佈了《東莞台資企業轉型升級診斷輔導專項資金管理暫行辦法》，進一步明確和規範了台資企業轉型升級診斷輔導的操作流程，並將市財政補貼年限延長至2015年底。

企業的運作不光考慮成本，還要考慮投資環境、市場潛力等多方面因素。

東莞市政府的誠意，給想留下來的台商在東莞紮根奠定了信心。

為了協助企業轉型升級，東莞市政府不但在2009年就祭出的「六個十億」（人民幣）規劃，而且早在2008年7月就有意減免台商「土地使用費」等多項地方收費，以此來延緩台商外移並助其產業升級。東莞台商協會有關負責人預估，這項措施可讓當地數千台資企業每年省下約7億元人民幣。

　　東莞市政府還為減輕台商負擔設立了保稅倉，讓進口免稅物料的台商無需把貨送香港後再運回。以往因台企出口業務中的進料屬於免稅，一旦要內銷就必須將貨物打包，然後用貨櫃拉到香港轉一圈後再運回大陸上稅內銷，設立保稅倉後將省掉「到港一遊」的環節，台商一個貨櫃就可省下近2000元人民幣的運輸成本。

　　企業的運作不光考慮成本，還要考慮投資環境、市場潛力等多方面因素。東莞市政府的誠意，給想留下來的台商在東莞紮根奠定了信心。

　　談到東莞台商轉型，就不能不提起大麥客和富全物流。

　　2009年開始，在葉春榮會長的倡議下，在東莞市政府的大力支持下，東莞台商協會成立了專門的產業轉型升級聯合辦公室，推出「台資企業診斷與輔導計畫」。台灣的工業技術研究院、健峰企管集團等14個台灣專業輔導機構受邀前來為台資企業診斷把脈，使企業在提昇生產力、改造研發技術、物流通關、外銷轉內銷等方面實現轉型升級。

東莞市台辦提供的數據表明：從2009年至2012年底，有近800家台企加入診斷計畫，338家企業進入深度輔導。通過計畫的實施，帶來投資額新增7.66億美元，內銷新增57.32億元人民幣。

　　「雖然市政府的這個補助不能徹底解決企業的困境，但體現了政府的關懷，意義很大，不過得要浩浩蕩蕩地做起來」，「就像病人治病一樣，診斷之後還得治療。診斷花錢少，但治療花錢多。」葉春榮打了個比方說。

　　「中小企業由外銷轉內銷談何容易，要面對品牌建設的成本、渠道的成本等，而小企業沒錢又沒人，怎麼辦？台商要轉型，必須要抱團走。」這就是組建「大麥客」的初衷，大麥客創始人葉春榮說。

　　葉春榮說，大麥客給想做內銷的台商提供了一個很好的機會，台商不必擔心銷售渠道問題，也不必擔心繁瑣的售賣程序。大麥客作為一個銷售平台，還會定期為台商舉行產品展示會、巡展會等。

　　2011年正式運營的「大麥客」成立時間雖短，但在台商圈子裡卻有很高的知名度，因為這是一個為台商抱團開拓內銷市場專門搭建的平台。爲了使大麥客茁壯成長，東莞市政府再一次「給力」支持——給予資金、政策、土地等方面的支持。

　　國台辦主任張志軍視察大麥客時指出，大麥客的特點和優勢主要在於台灣商品，因此在發展過程中要注意突出台灣特色。

國台辦主任張志軍強調，東莞台商為東莞的社會經濟發展作出了巨大的貢獻，在東莞、廣東乃至大陸30年來取得的發展成就中，台商功不可沒。

富全物流為台商搭建新平台

　　在東莞，台商抱團闖內銷市場的策略遠不止大麥客一個實例。富全物流應是台商轉型的另一個產物。在東莞市政府的支持下，為降低台企的物流成本，專門成立了富全物流有限公司。除了地方政府補助外，東莞台協為了協助台商打內銷市場，由會務幹部集資1億元人民幣成立的富全物流公司已開始運作。

　　富全物流董事長謝慶源認為，物流業不僅是未來的新興產業，也直接關係到台商的轉型，台商唯有改變單兵作戰局面，進行資源整合，才能在新一波產業重整中取得勝利。台商過去的優勢必須通過新的平台展現，富全物流是台商掌握時間、迎接內需的重要平台。

過去二、三十年來，東莞的台商見證了東莞從交通不便、水田相連的農業縣變成高樓、廠房密佈、交通發達的世界製造業基地。第一代東莞台商，也從年輕力壯變為兩鬢斑白。

　　東莞台商協會在東莞陸續建起了台心醫院、台商大廈、台商子弟學校等，為的就是增強台灣人在這裡的歸屬感，更好地安居樂業。

　　大麥客、富全物流……是新經濟局面下的東莞市政府鼎力資助建設的台商發展新平台，儘管經濟形勢發生了改變，但是東莞台商的產業鏈並沒有發生大的改變，東莞市政府支持台商的態度也沒有改變，支持台商力度仍在加強。在天時、地利、人和的環境下，東莞台商一定能闖出一片新天地。

　　正如國台辦主任張志軍所強調的，東莞台商為東莞的社會經濟發展作出了巨大的貢獻，在東莞、廣東乃至大陸30年來取得的發展成就中，台商功不可沒。

　　東莞——
　　真的很台灣！■

1. 東莞印象

參觀了東莞台商轉型的成就——大麥客

參觀可園、虎門 海戰博物館的威遠炮台

先到長安鎮參觀粵劇館、成就展和橋頭鎮觀看荷花展 書畫展，後到

參觀松山湖、台心醫院、館，晚上步行經過市政府劇院觀看了魔術表演 東莞台商大廈和東莞展覽音樂噴泉廣場，在玉蘭大

與萬江下壩坊的第一次親密接觸

2. 尋找台灣印記

採訪台商協會青年會會長

簡雅婷姐妹和青年會成員

ＫｅｎＪｉ、Ａｉｋｏ：採訪潘朵拉內衣總經理王玉珠和虎門台商協會會長郭正忠

採訪東莞台協婦聯會會長張銘真

小兔、瑪格、芸芸、鎖住的熊：厚街寻访台湾小吃，

採訪東莞台協會長謝慶源和秘書長趙維南，參觀南社古村落

參觀東莞台商子弟學校，導會長葉春榮

到大麥客採訪東莞台協輔

再遇萬江下壩坊，微風不躁，歲月靜好

麻吉小兔

王羿文

【專職】：

◆霹靂電視台節目部副理（任職14年）

◆台南【小西門時光驛棧‧旅行咖啡館】創辦人／創意總監

◆座右銘《旅行，就是我的生活》，以吃喝玩樂為終生志業。

◆出生起便跟著父親到處旅行吃喝玩樂，跑遍二十幾個國家，熱愛美食，喜歡天馬行空的創意生活。

【專職】：

◆活動策劃、行銷企劃、文案、平面設計、策展人（海內外十幾場）

◆節目、廣告、紀錄片……影像製作人＆編導

【簡介】

◆不定期為台灣、上海、香港之雜誌＆旅遊網站，發表旅遊美食、潮流設計、玩具、創意生活等相關文章。

◆2008全球華文部落格大獎「年度最佳生活情報部落格」初審入圍

◆2011全球華文部落格大獎「年度最佳休閒旅遊部落格」決選入圍

◆WENews旅遊美食公民記者

◆資策會第五屆部落客百傑【美食類、旅遊類】TOP 200

◆DCView數位視野攝影能人

◆2011 ITF台北國際旅展公民記者

◆2012 ITF台北國際旅展榮譽公民記者

◆蕃薯藤「2012十大流口水烤鴨」評審

◆蕃薯藤輕旅行駐站玩家

瑪格

賴群萱

◆ 具有20年精品消費公關行銷顧問經歷。

◆ 「瑪格@圖寫文創生活」部落格&粉絲專頁版主。

◆ 2008年創立「瑪格@圖寫文創生活」部落格,迄今總瀏覽人次超過320萬。

◆ 2011年創立「瑪格@圖寫文創生活」Facebook粉絲專頁,迄今粉絲數近2萬人,開台至今粉絲頁之不重複訪客超過六百六十萬。

【榮譽】

◆ 2008年華文部落格大賽藝術文化類初選入圍。

◆ 2011年華文部落格大賽生活綜合類初選入圍。

◆ 2012年部落格百傑複賽入圍。

◆ 曾為Yahoo部落格搜尋排行第104名的部落格。

◆ 曾與兒子組團以大眾運輸方式榮獲台灣2011年交通部公路環島微選達人組優勝。

◆ 2012年榮獲新北市研考會「青年你最大」活動之樂活市長獎,代表前往日本京都進行考察之旅。

◆ 2012年痞客邦十大名人部落客之一。

鎖住的熊

鍾孟裕

◆ 一步一腳印去感受各地不同的風情與美食,用照片與文字忠實地呈現在網路上,分享所見所聞是生活中最大的樂趣之一。

◆ 部落格或臉書定位及內容特色:部落格內容主要為台灣及國際美食及旅遊的分享。

【主要經歷】

◆ 個人部落格累積人氣超過100萬、單日人氣超過3,000。

◆ 於美食旅遊網站「愛評網」內,發表超過六百篇美食與旅遊分享文,累積瀏覽人次超過100萬。

◆ 第五屆部落格百傑美食類初選入圍。

◆ 第五屆部落格百傑旅遊類初選入圍。

◆ 撰寫文章曾多次登上「Yahoo奇摩」、「天空部落」、「愛評網」等首頁。

◆ 《苗栗的秘密旅行》一書擔任攝影工作

愛伯特

謝琮揮

Aiko

丘韻芬

【簡介】

熱愛在文字裡悠遊，用文字編織出氛圍場景。

熱愛用自己的雙手，打造出夢想的居家美感。

熱愛用輕巧的相機，框出觀景窗裡面的美好。

熱愛用鍋碗或瓢盆，展開屬於親友們的派對。

熱愛用自己的雙腿，探索這個世界的小秘密。

【著作】

2013 手感溫度。微生活—讓家變得不一樣的46種輕佈置 / 2011 設計師沒告訴你的省錢裝修術 / 四塊玉

2011 當景色如詩（合著）/ 文瀾

2010 平價的小幸福改造（合著）/ 城邦出品

2011 設計師沒告訴你的省錢裝修術 / 腳丫文化

◆ 把居家美學的細膩度帶入美食與旅遊的自由撰稿者。

◆ 由開始的居家佈置掉進美食與旅遊的圈套中，原本的宅女才知道世界有多大。

◆ 由居家美學的角度看美食與旅遊，擁有更不一樣的細膩與美好。

【簡介】

◆ 喜歡帶著相機，把各地不同的在地人文風情，用畫面代替文字，記錄著旅遊、美食等等紀錄，分享給大家。

◆ 專長、本職：攝影、電腦病毒分析、科技廠工程師。

◆ 新浪微博官方認證「台灣美食旅遊部落客」

◆「Yahoo!奇摩」攝影摩人

◆ 創立「Albert的影像紀錄」部落格，迄今總瀏覽人次超過230萬

◆「Albert的影像紀錄」部落格 & Facebook粉絲團 & Google+專頁版主

◆ 部落格內容特色，主要為台灣內外美食旅遊人文的分享

◆ 撰寫文章曾多次登上「Yahoo!奇摩」、「愛評網」等首頁

芸芸

莊盈盈

【網路上的影響力】

◆ 百萬部落客，部落格累積人氣超過700萬、單日人氣超過15,000。

◆ 美食旅遊網站－愛評網站內，等級最高的狀元達人。

◆ 臉書好友超過2,600人，粉絲團人數超過3,000人。

◆ 2011 ITF國際旅展公民記者。

◆ 著有《苗栗的秘密旅行》一書。

◆ 部落格或臉書定位及內容特色：部落格內容主要為美食及旅遊的分享。不論是台灣的自由行、海外的自助旅行，均有詳細的分類與建議路線安排。

◆ 專長、本職：網路行銷、行銷企劃、媒體公關。

◆ 把吃喝玩樂當終身工作，將分享好吃好玩當終身志向的部落格作家。

KenJi

丘承皓

◆ 熱愛美食、旅遊、時尚穿搭的部落客及平面動態攝影師

【簡介】

因為名字太饒舌，所以總被簡稱為Kenji。

喜歡到世界各地悠遊旅行，吃遍當地美食，也融入當地穿搭時尚，告訴大家愛吃愛玩也要愛漂亮！

經營美食旅遊攝影部落格，用攝影的觀景窗，看到與別人不同的世界。

文筆帶點詼諧，打扮偏英式，在眾家攝影師中，總是能吸引別人的目光！

經營KJ STUDIOS攝影工作室，維京人攝影團隊攝影師。

平日擔任藝人時尚動態記錄，微電影拍攝，各式商攝，企業形象影片，各國旅遊短片的動態攝影師，海外婚紗平面攝影師。

以往不拿起相機就像是打通任督二脈，從此知道自己的使命。

嚮往自然光源及逆光的絢麗，熱愛空間感及菜餚的多彩，更期待人像永遠未知的驚喜。

【擔任攝影書籍】

給我看你的手帳吧／高寶出版

設計師沒告訴你的省錢裝修術／四塊玉出版

美麗的邂逅

激動的情愫

願下一個你去體驗

那份更美的精彩

我們相約

再一起分享

莞香花開的悸動

那種戀戀的牽絆